Stratediplo

La neuvième frontière
Catalogne 2017

Stratediplo

Stratediplo, de formation militaire, financière et diplomatique, s'appuie sur une trentaine d'années d'investigation en sciences sociales et relations internationales pour nous aider à comprendre les réalités d'un monde en pleine mutation.

La neuvième frontière
Catalogne 2017

Publié par Le Retour aux Sources
www.leretourauxsources.com

© Le Retour aux Sources – Stratediplo - 2020

Tous droits réservés. Aucune partie de cette publication ne peut être reproduite par quelque moyen que ce soit sans la permission préalable de l'éditeur. Le code de la propriété intellectuelle interdit les copies ou reproductions destinées à une utilisation collective. Toute représentation ou reproduction intégrale ou partielle faite par quelque procédé que ce soit, sans le consentement de l'éditeur, de l'auteur ou de leur ayants cause, est illicite et constitue une contrefaçon sanctionnée par les articles L-335-2 et suivants du Code de la propriété intellectuelle.

Du même auteur

le quatrième cavalier,
l'ère du coronavirus,
éditions le Retour aux Sources 2020

le septième scénario,
sécession d'une minorité,
2° édition Retour aux Sources 2020

la huitième plaie,
migrants 2015, l'avant-garde,
2° édition Retour aux Sources 2020

la dixième arme,
quinze ans d'alertes et synthèses,
2° édition complétée Retour aux Sources 2020

le onzième coup
de minuit de l'avant-guerre,
2° édition Retour aux Sources 2020

le douzième travail
un refuge autarcique,
2° édition Retour aux Sources 2020

« *Los sicles ab amor ton nom repetirán.*
Ta gloria es inmortal, com lo infinit inmensa ;
Ta fama cantarán las harpas de Provensa,
Coronas per ton front las verges teixirán. »

Victor Balaguer,
amor a la patria,
septembre 1857

« *Pèr la glòri dóu terraire*
Vautre enfin que sias counsènt
Catalan, de liuen, o fraire,
Coumunien tóutis ensèn ! »

Frédéric Mistral,
la Coupo,
juillet 1867

SOMMAIRE

DU MÊME AUTEUR	**5**
SOMMAIRE	**9**
PRÉFACE PAR MIODRAG JANKOVIĆ	**13**
INTRODUCTION	**15**
UN PAYS MOYEN	**17**
Une histoire millénaire	17
Une population appréciable	23
Une langue vénérable	28
Un peuple latin	34
Une puissance économique	41
DÉTERMINANTS	**49**
De la langue à la nation	49
Du danger nationaliste	57
Un patriotisme inclusif	63
De l'autonomisme au séparatisme	68
Quelques cas récents	76
REALPOLITIK	**83**
Espagne hors sujet	83
France obligée	91
Communauté internationale divisée	98
Union européenne acquise	103
Europe accueillante	113

PROCESSUS 121
Droit à l'indépendance 121
Referendum d'autodétermination 131
Lois de transition 142
Acteurs et incertitudes 152
Scénarios 159

IRRÉALISATION 173
Émancipation institutionnelle 173
Reconnaissance internationale 183
Coercition espagnole 189
Débandade politicienne 201
Enseignements 207

CONCLUSION 215

ANNEXES 219
Reconnaissance de nouveaux États 219
Memorandum n° 37 221
Déclaration d'indépendance 224

PRÉFACE
par Miodrag Janković[1]

Un jour, peut-être très bientôt, quand la Catalogne sera un pays souverain, s'achèvera la construction de la fameuse basilique de Gaudi (la Sainte Famille) à Barcelone. Car rien ne symbolise autant le grand rêve et désir catalan de bonheur et de liberté que cette œuvre merveilleuse d'un architecte génial, *la Sagrada Família*.

En construction depuis 1882, elle a été conçue au moment du réveil de la conscience identitaire des Catalans, et d'autres peuples alors non reconnus ou sous occupation.

Ce temple expiatoire est la belle prière enflammée d'un peuple, événement rare aujourd'hui en Europe, qui clame sa célébration du fils crucifié de Dieu, rejeté par presque tous les Européens et moqué dans toute l'Europe. En même temps il proclame à qui veut l'entendre que la Catalogne a prêté serment à la Croix et au trésor de la liberté.

Pendant des siècles nous aussi, les Serbes, avons combattu les ennemis de notre liberté et offert nos vies sur l'autel de la Patrie en suivant nos étendards portant la devise : "*pour la Croix vénérable et la liberté d'or*" (за Крст часни и слободу златну). C'est pour cela que nous

---

[1] Ancien représentant de Republika Srpska en France.

comprenons et partageons l'aspiration des Catalans à leur État souverain. Avoir sa propre maison sous son propre toit.

Et comme le dit Tocqueville, pour être heureux et libre il suffit de le vouloir.

Il faut cesser de soutenir des sécessions sanglantes précédées de nettoyage ethnique pour la création d'États-nations dans des frontières inviables, comme on l'a fait de 1991 à 2008. On doit revenir aux principes définis fin 1991, foulés aux pieds par l'Allemagne, et exiger des négociations entre les peuples qui ne veulent plus vivre ensemble, ainsi que des garanties constitutionnelles pour les minorités comme condition impérative pour la reconnaissance internationale.

Beaucoup de pays regrettent aujourd'hui d'avoir capitulé face aux diktats allemands et américains, qui ont conduit aux pogroms et à l'expulsion des Serbes de Croatie, à la domination de la Bosnie par la minorité musulmane et à l'enfermement des Serbes de Kossovo et Métochie dans des camps par la mafia albanaise.

Cette barbarie ne peut pas être comparée avec ce qui se passe en Catalogne, heureusement.

Cela devrait montrer de nouveaux chemins pour libérer les derniers peuples opprimés d'Europe, comme les Serbes de Bosnie, les Transnistriens, et les Russes d'ex-Ukraine.

Miodrag Janković, Paris, juillet 2017.

INTRODUCTION

Sur le fond, après avoir alerté les nouveaux ministres français des Affaires étrangères et de la Défense dès leur prise de fonction à la mi-mai 2017, il était nécessaire d'informer le gouvernement de la très haute probabilité de l'apparition imminente d'une douzième frontière terrestre, et neuvième en métropole, avec un voisin nouveau dont il faudrait activement assurer le maintien dans l'Union européenne et l'espace Schengen. Comme dans tout rapport d'expert ou synthèse de renseignement il ne s'agissait pas là de prendre position, mais d'apporter objectivement à l'échelon politique l'information, et le cas échéant les questions, lui permettant de prendre les décisions objectives ou subjectives après la prise en considération des données disponibles, et bien sûr leur mise en regard des nécessités et desseins politiques de la France.

Sur la forme, le gouvernement n'ayant pas commandé cette étude, on a pu viser un public plus général ce qui a permis d'y introduire, en alternance et parfois en imbrication avec le rapport circonstanciel objectif, un essai plus personnel aux confins de la sociologie et de la science politique sur les différents ressorts qui meuvent les peuples, et un exposé de droit international sur la jurisprudence récente concernant l'accès à l'indépendance. Ce travail n'est donc ni une fiche-pays comme celles purement factuelles que l'on rédige dans les organismes d'exploitation du renseignement stratégique des ministères des Affaires étrangères et de la Défense, ni une thèse universitaire de sciences sociales commençant formellement par la justification de la méthodologie choisie et l'exposé de l'état de l'art de la question, et terminant lourdement par l'inventaire exhaustif des sources consultées.

Quant au moment, il a évidemment été déterminé par le rapprochement accéléré de l'échéance souverainiste catalane. Puisque les acteurs étaient passés des débats aux faits, il n'était plus l'heure d'explorer les arguments des uns et des autres comme le ferait une commission d'étude parlementaire, mais d'établir un état des lieux à la veille d'un choc qui interrogerait des sujets bien plus sérieux et permanents que la défaillance politique et la faillite économique de l'État espagnol. Telle était la motivation de cette étude, et c'est une pure coïncidence si le 30 juillet 2017 allait marquer le cent-cinquantième anniversaire de la formalisation de l'amitié entre la Provence et la Catalogne, si joliment ciselées par le sculpteur Fulconis et l'argentier Jarry sur la célèbre coupe choisie pour couverture.

Pour cette deuxième édition, plus de trois ans plus tard, on a décidé de ne pas altérer les quatre premières parties, qui constituaient l'étude conçue pour le gouvernement français et publiée juste après l'annonce de la date du referendum. Les incertitudes qui restaient alors ont été levées par les événements des mois suivants, et n'appellent pas de réécriture des synthèses, évaluations et interrogations initiales. Par contre on a ajouté en 2020 une cinquième partie complétant le cours des événements de 2017, et examinant leurs causes et leur signification. L'opération étant finie, sa chronique est terminée et on peut refermer le livre sur une somme d'enseignements de politique internationale.

UN PAYS MOYEN

Une histoire millénaire

La Catalogne a une histoire plus que millénaire. Comme le reste de l'Empire romain ces terres, les plus vite romanisées d'Ibérie après la prise de Carthage, perdirent la moitié de leur population après la chute de Rome et la fondation d'un royaume wisigoth en luttes incessantes avec d'autres peuplades germaniques, et furent une proie facile pour les armées arabes deux siècles et demi plus tard. Mais tandis que le reste de la péninsule ibérique, hormis une tribu des Asturies à laquelle la géographie cantabrique permit de résister encore et toujours à l'envahisseur, allait connaître des siècles de joug Ommeyade, la Catalogne en fut libérée par les armées franques moins d'un siècle après sa conquête (*gesta Dei per Francos*), et incorporée au tout début du IX° siècle à l'empire carolingien.

Il faut là ouvrir une parenthèse. La mythologie espagnole de la Reconquête, commencée au début du VIII° siècle sur la côte des Asturies et terminée à la fin du XV° siècle à Grenade, clame parfois que l'Espagne a été occupée par les Arabes pendant huit siècles. C'est faux, la péninsule ibérique n'a pas été occupée mais incorporée. L'acculturation n'était évidemment pas aussi rapide au haut Moyen-Âge, faute d'école universelle obligatoire, qu'à notre époque de totalitarisme étatique où une population peut être forcée à changer de langue en l'espace de deux générations, comme l'ont appris les Alsaciens il y a un siècle ou les Algériens et Kabyles plus récemment. Il y a mille ans, quand l'éducation était strictement familiale et l'essentiel de la vie sociale était locale et privée, il fallait certainement de l'ordre de quatre ou cinq générations pour changer la langue d'une population, et certainement plus encore pour changer sa religion. Dans le cas de la péninsule ibérique il s'agit de plusieurs siècles, et même si l'apport colonial a été mineur voire négligeable, de l'ordre de quelques dizaines ou centaines de milliers d'Arabes et de Berbères récemment arabisés, l'arabisation des populations a été intégrale et l'islamisation a été très avancée. Déjà au milieu du IX° siècle le chroniqueur cordouan Alvaro notait que les Chrétiens avaient totalement perdu la maîtrise du latin[2]. La péninsule avait été "définitivement" annexée, pas temporairement occupée. Par la suite il s'est donc bien agi d'une reconquête, pas d'une libération. Par ailleurs, de même que la culture arabe s'était plus tôt greffée sur une tradition chrétienne et latinisante, ce qui peut expliquer l'exception scientifique et artistique andalouse dans le monde arabe (la plupart des scientifiques du califat puis des émirats étant des chrétiens), de même plus tard la culture chrétienne se greffera sur une tradition musulmane et arabe, ce qui peut expliquer l'exception phallocratique (machiste) ibérique dans le monde roman.

La Catalogne, pour sa part, n'a fait partie de l'Andalousie qu'un peu moins d'un siècle soit à peine quatre générations (74 ans soit trois générations dans le cas de Gérone), et à une époque où, comme on vient de l'exposer, l'acculturation était bien plus lente

---

[2] Là comme ailleurs, à cette époque comme en tout temps, la bourgeoisie fut la première à collaborer avec les nouveaux maîtres et à en adopter les codes.

qu'aujourd'hui, d'une part parce que les administrations étatiques étaient bien plus légères et lointaines, et d'autre part parce que l'éducation était essentiellement acquise dans le cadre familial. Bien qu'annexée aux yeux du droit international, sa population était encore chrétienne pour l'essentiel, et elle a effectivement perçu la victoire du roi franc Charles 1er (Charlemagne) comme une libération plutôt que comme une aliénation.

À la division de l'Empire les comtés de Catalogne échurent à la Francie occidentale, mais à peine un an après avoir relevé la souveraineté de cette France primitive face à l'Empire qu'elle avait commis l'erreur de fonder et la faute de ne pas doter d'une continuité monocéphalique, Hugues Capet négligea un appel au secours du comté de Barcelone assailli par l'Andalousie, abandonnant ainsi son vassal à l'indépendance de fait. Devenant principauté la Catalogne ne fut pas longue à annexer d'autres comtés voisins, puis à progresser vers le sud aux dépens des petits émirats qui avaient succédé entretemps au puissant califat de Cordoue.

Au XII° siècle un comte de Barcelone (et de Provence) devint roi d'Aragon en héritant par sa mère de ce petit royaume en pleine croissance vers le sud lui aussi, ce qui donna naissance à une union dynastique plutôt qu'une fusion étatique, ses successeurs maintenant la distinction territoriale et institutionnelle des deux pays ainsi que la distinction (et hiérarchie) entre les deux titres, Comte de Barcelone et Roi d'Aragon, qu'on finit par désigner familièrement et de manière simplificatrice, quelques siècles plus tard, comme "couronne d'Aragon" bien qu'arborant depuis l'union les couleurs catalanes. De même, après l'acquisition ou la conquête d'autres pays de la Méditerranée occidentale, comme les royaumes de Majorque, de Naples, de Valence, de Sardaigne, de Sicile ou encore le duché de Milan, la formule d'union personnelle garantissait constitutionnellement le maintien de la souveraineté des pays acquis à la dynastie mais pas fusionnés avec la principauté de Catalogne ou le royaume d'Aragon, de la même manière qu'aujourd'hui les royaumes du Canada, de l'Australie et de la Nouvelle-Zélande partagent le même souverain que le Royaume-Uni de Grande-Bretagne et d'Irlande du Nord, tout en ayant acquis leur indépendance de fait et la reconnaissance internationale de leur souveraineté de droit.

Dans la deuxième moitié du XV° siècle le mariage de Ferdinand II d'Aragon (et Catalogne) et Isabelle 1ère de Castille, surnommés les Rois Catholiques après leur conquête du royaume de Grenade, unit les multiples couronnes sur la tête d'abord théorique de leur fille puis plus sérieuse de leur petit-fils, Charles Quint, premier roi des Espagnes puis empereur du Saint-Empire.

Dès le début du XV° siècle la Catalogne s'était rebellée contre une annexion politique de fait par l'Aragon, puis à la fin du siècle par la Castille, et deux siècles plus tard elle connut encore quelques péripéties intermédiaires de courte durée, comme une république indépendante et une annexion volontaire à la France. Finalement au début du XVIII° siècle le nouveau roi de Castille, d'Aragon etc. Philippe V (de Bourbon) ayant décidé de fonder un État espagnol unitaire en uniformisant les institutions des entités politiques antérieures et en formant un parlement central unique, y incorpora la Catalogne par la force en 1714 (prise de Barcelone le 11 septembre, date que commémore la *Diada* ou fête nationale catalane[3]) puis par décret en 1716, en lui laissant néanmoins son code civil et quelques

---

[3] Les fêtes communautaires ne célèbrent pas toujours des victoires mais parfois des sacrifices héroïques, comme ceux de Sidi-Brahim, Camerone et Bazeilles par exemple.

institutions. Un siècle plus tard les anciens pays furent carrément découpés en provinces administratives parfois arbitraires. Au XX° siècle les graves tumultes des années vingt motivèrent la proclamation de la république catalane en 1931, suivie le même jour par la proclamation de la république espagnole à laquelle la Catalogne proposa de se confédérer, ce qu'elle fit par un statut (une constitution) très largement autonome, qui dura jusqu'à la conquête militaire de la Catalogne puis de l'Espagne par les forces nationalistes du général Francisco Franco en 1939 (fin de la guerre civile), lequel rétablit un État unitaire qui bannit la langue catalane.

Enfin la restauration de la royauté, sous une constitution nouvelle, fut l'occasion du relèvement ou de l'établissement (selon les cas) d'autonomies régionales correspondant pour l'essentiel aux anciens royaumes et comtés. En vérité il suffit de se rappeler les difficiles débats de l'époque, les années soixante-dix ayant été marquées par le terrorisme séparatiste (basque notamment) et la question de la partition de la Belgique revenant régulièrement à la une des journaux, pour comprendre qu'un État jacobin était hors de question en Espagne même si les partis de gauche voulaient plutôt une république constitutionnelle que la royauté. À l'austérité imposée sur tous les plans avait succédé le défoulement effréné dans tous les domaines, l'irrespect de tout, une grande vague de révolution des mœurs, ce qui a pu impressionner l'État central et l'encourager à impliquer des pouvoirs subsidiaires au plus près des populations.

Ainsi dès le 29 septembre 1977 le roi Juan Carlos prit le décret-loi 41/1977 rétablissant à titre provisoire, dans l'attente de la rédaction d'une nouvelle constitution espagnole, un gouvernement catalan (la Généralité ou en catalan *Generalitat*) nommé en préambule dudit décret-loi "*une institution séculaire dans laquelle le peuple catalan a vu le symbole et la reconnaissance de sa personnalité historique, dans le cadre de l'unité de l'Espagne"*.

Ensuite donc, dans le cadre de la constitution espagnole de 1978, la Catalogne a adopté son nouveau statut en 1979, imitée dans les quelques années suivantes par les autres "communautés autonomes" dans un esprit de décentralisation, foncièrement différent d'une fédération. Puis un statut un peu plus autonome sur les plans judiciaire et fiscal, voire nationaliste sur les plans linguistique et identitaire (établissant la primauté du catalan et revendiquant le terme de "nation") fut adopté en 2006 par le parlement catalan et approuvé par le parlement espagnol, mais cassé par le Tribunal constitutionnel le 28 juin 2010 (les détails furent connus le 10 juillet), ce qui jeta un million à un million et demi de protestataires (un électeur sur trois ou quatre) dans les rues de Barcelone le 11 juillet, et projeta surtout une bonne partie de l'opinion autonomiste majoritaire vers la mouvance indépendantiste jusque-là très minoritaire.

Une population appréciable

La Catalogne est un petit pays, mais elle est loin d'être un pays mineur.

C'est le vingtième pays d'Europe par la population, laissant une trentaine de pays derrière, comme la Bulgarie, les six pays issus de la Yougoslavie, les six pays scandinaves et baltes hors la Suède, et encore la Slovaquie, l'Irlande… et encore autant à une échelle inférieure. Sept millions et demi d'habitants, cela place la Catalogne politique actuelle, par sa population, entre la Suisse et la Bulgarie, pour rester en Europe. Par rapport au reste du monde elle occupe la position médiane, puisque sur deux centaines d'États souverains la moitié sont plus peuplés que la Catalogne et l'autre moitié sont moins peuplés. Alors que certaines régions du monde connaissent une forte croissance démographique et d'autres une décroissance modérée, la position médiane de la Catalogne est durable puisque les deux pays un peu plus peuplés qu'elle, Israël et la Suisse, sont toujours en croissance démographique même si leur explosion démographique récente (dues aux immigrations russe et albanaise respectivement) s'est déjà modérée, tandis que les deux pays un peu moins peuplés qu'elle, la Bulgarie et la Serbie, sont toujours en décroissance démographique même si on peut espérer à terme une stabilisation de leur dépopulation, vraisemblablement d'ailleurs par des moyens opposés, en l'occurrence l'entrée dans l'Union européenne dans le cas de la Serbie et la sortie de l'Union dans le cas de la Bulgarie.

En disant la Catalogne politique, on entend par là l'État actuel de Catalogne, ou Communauté Autonome selon l'organisation territoriale espagnole, qui correspond peu ou prou au cœur historique du pays. Il est difficile de définir un échelon de comparaison français, et même espagnol ou ibérique.

On se souvient que l'une des priorités de la révolution jacobine en France a été la dissolution des provinces, non seulement en termes politiques par l'abolition des parlements mais également en termes géographiques par le remodelage des frontières, devenues d'ailleurs de simples délimitations administratives au sein d'un État désormais unitaire et proclamé indivisible, ces délimitations administratives étant, deux siècles plus tard, toujours l'objet de redécoupages permanents sous des alibis électoralistes dont la seule constance est le souci d'éviter la reconstitution durable de territoires sub-étatiques. En termes quantitatifs et pondéraux on peut cependant avancer que la Catalogne correspond au volume d'une grande nouvelle région administrative française, d'une ancienne région militaire ou de deux à trois anciennes régions administratives, soit une douzaine de départements. En termes historiques il faudrait comparer ce pays non pas à l'une des anciennes provinces ou pairies électrices du royaume de France, mais plutôt à l'un des anciens voisins et rivaux de ce dernier, plus ou moins théoriquement membres de l'Empire mais véritables puissances européennes pendant plusieurs siècles, comme par exemple la Bourgogne, au sens du royaume d'Arles puis plus tard (comme duché de Bourgogne) du principal allié de l'Angleterre sur le continent.

Le titre de comte de Barcelone ne doit pas conduire à la sous-estimation historique, les armes de ce comté ont flotté au Mistral d'Arles et Marseille (et jusqu'à Nice), comme flotteraient plus tard les bannières du royaume d'Aragon au Maestrale d'Alguer (Sardaigne) et aux vents d'Ajaccio à Athènes en passant par Palerme et Naples. Car sans son union à la Catalogne, l'Aragon n'aurait jamais été ce qu'il fut et la Castille seule n'aurait peut-être jamais vaincu l'Andalousie omeyyade.

Sur la péninsule ibérique, l'homogénéité de la Catalogne n'a d'équivalent que celle, certes plus récente, du Portugal, et au sein du royaume espagnol la Catalogne a un statut sans équivalent, même si certaines de ses prérogatives ont été, depuis la fin de la république en 1978, accordées à d'autres provinces.

La Catalogne politique elle-même est divisée en quatre provinces, qui ne sont pas de simples découpages administratifs arbitraires comme les départements français puisqu'elles ont chacune leur identité géographique, leur centre économique et leur particularité culturelle, peut-être comparable aux deux Lorraines rivales françaises ou aux terroirs provençaux grecs (maritimes et rhodaniens) et ligures (alpins). Ces quatre provinces administratives de la Catalogne politique actuelle appartiennent totalement à l'espace culturel catalan, on y parle la même langue, on y connaît les mêmes poètes et on y partage le même sentiment d'appartenance… nationale, puisque le terme de nationalité est donné à la Catalogne (et à aucune autre communauté) par son statut et reconnu par la constitution espagnole en vigueur.

Au-delà de cette Catalogne politique actuelle, les Baléares s'incluent aussi totalement dans l'espace culturel et historique catalan, de même que le pays valencien, libéré de l'Andalousie arabe par la Catalogne. Plus au sud sur la côte méditerranéenne, plus au nord dans le Roussillon, plus à l'ouest dans les Pyrénées (Andorre) et vers le plateau continental (Aragon), plus à l'est dans la région de Sassari (Sardaigne), les cultures sont mélangées, ce qui explique que le nombre de catalanophones partiels ou potentiels (personnes vivant dans l'aire culturelle catalane) atteigne presque le double de la population de la Catalogne politique.

Comment faut-il dès lors appeler dans cette étude l'entité politique réduite et précisément délimitée administrée par le gouvernement catalan (la Generalitat), la question se pose et ne saurait être résolue selon les catégories françaises actuelles de région et département, ni selon le vocabulaire prérévolutionnaire de province au sens d'entité politique et pays au sens d'ensemble géographique.

Pour se recentrer sur la question démographique, au contraire des Baléares dont la population est homogène car essentiellement indigène, la population de la Catalogne politique est hétérogène. Il reste certainement des villages homogènes dans l'intérieur du pays, et en particulier dans les Pyrénées, mais la population de la frange côtière, et à plus forte raison de la métropole économique Barcelone, est très mêlée. En l'absence ou la discrétion de statistiques officielles sur l'origine et l'identité de la population, on ne peut que tenter d'en deviner la composition, par analogie. En Provence le basculement démographique a eu lieu il y a une quarantaine d'années, puisque déjà en 1980 les Provençaux étaient passés en situation de minorité en Provence. Or la Provence n'était pas à l'époque pour la France le pôle d'attraction qu'est la Catalogne pour l'Espagne, et qui serait plutôt à comparer avec l'axe économique et industriel rhodanien, qui lui-même n'a jamais ravi la première position à la région parisienne, au contraire de la Catalogne depuis longtemps région la plus développée d'Espagne. Par analogie donc on pourrait supputer que les Catalans d'origine sont également minoritaires en Catalogne, en tout cas en 1991 (il y a déjà une génération) on estimait que 41% des habitants de la Catalogne n'y étaient pas nés, et de plus aujourd'hui on y compte près de 15% d'immigrés (non espagnols).

Cependant la Catalogne a une capacité d'assimilation individuelle et familiale que n'a pas la Provence (que n'a d'ailleurs aucune province métropolitaine française depuis la prohibition des langues et dialectes par les hussards de la république[4]), du fait de la prégnance de la culture catalane à tous les niveaux et dans toutes les activités, manifestée et entretenue par l'enseignement scolaire de la langue à tous, y compris aux enfants de Madrilènes. Ainsi en 1991, donc moins de quinze ans après la réhabilitation de la langue catalane, on estimait que 94% de la population de Catalogne comprenait le catalan… alors que moins de 60% de cette même population était née en Catalogne, ce qui signifie bien que des allogènes avaient appris la langue, hors cadre familial. Or, le critère principal de la catalanité étant la langue (un Catalan ne se distinguant d'un Castillan ni par la religion, ni par la race ni par la caste ou autre critère), il est évident que les étrangers résidant en Catalogne s'assimilent sur le plan linguistique donc culturel, et il vraisemblable qu'il soit difficile de distinguer, après scolarité, un enfant d'allogène d'un enfant d'indigène. On peut donc considérer que la population de la Catalogne aujourd'hui est essentiellement catalane ou assimilée, ce qui n'est certes pas une catégorisation politique mais est assurément une catégorisation identitaire.

---

[4] Ce fut peut-être différent dans le cas de la Kabylie ou Algérie où les colons européens étaient obligés de faire un effort d'acculturation.

Une langue vénérable

Le premier patrimoine culturel auquel on associe la Catalogne est la langue catalane, avant même les troubadours.

La linguistique appelle généralement langue un groupe de parlers spontanément intercompréhensibles, dits dialectes, alors qu'entre langues distinctes la compréhension n'est ni spontanée ni aisée. En réalité sur le terrain linguistique comme géographique les limites ne sont pas nettes, et le grand linguiste Ferdinand de Saussure corrigeait le terme simpliste d'isoglosses en "lignes isoglossématiques", auquel il préférait d'ailleurs l'image d'ondes entremêlées.

À l'exception notable du portugais qui s'est fixé au XIII° siècle (à partir d'un dialecte castillo-catalan), les langues issues du latin se sont toutes fixées au XI° siècle, cette ancienneté expliquant qu'elles soient plus différenciées que les parlers actuels issus de l'arabe littéral, que l'on qualifie pour cette raison d'arabes dialectaux… la compréhension orale élémentaire entre un Mauritanien, un Irakien et un Yéménite étant difficile et très partielle bien que la généralisation récente de l'écriture (arabe littéral) dans le monde arabophone ait facilité la communication, comme à l'époque pas si vieille où tous les locuteurs des langues romanes avaient étudié le latin. Dans son cours de linguistique générale Ferdinand de Saussure reconnaissait qu'il est difficile de dire en quoi consiste la différence entre une langue et un dialecte, mentionnant cependant la question d'intelligibilité, à savoir que des personnes qui ne se comprennent pas parlent des langues différentes. Mais il mentionnait aussi qu'on nomme souvent langue un dialecte ayant produit une littérature.

En général les linguistes s'accordent à reconnaître huit ou neuf langues latines actuelles, en l'occurrence le roumain, le toscan florentin communément appelé italien, le provençal, le romanche, le sarde, le français, le catalan, le castillan communément appelé espagnol, et le portugais. La dispute quant à cette liste porte essentiellement sur le romanche, que certains linguistes considèrent comme un dialecte provençal, mais parfois aussi sur le sarde, le seul idiome de cette liste à n'avoir pas produit de littérature écrite (et peut-être pas si inintelligible pour un locuteur de latin).

Parmi ces langues latines le catalan occupe une place intermédiaire en termes de locuteurs, ne faisant pas partie des langues mondiales comme l'espagnol, le français et le portugais (langues de colonisation) mais pas non plus des langues dont la survie est numériquement menacée comme le provençal, le sarde et le romanche ; en ce sens le catalan appartient à la même catégorie volumétrique que le roumain, langue nationale non menacée mais n'ayant pas connu la diffusion internationale donnée au florentin par la musique (bien plus que par la colonisation en Amérique et en Afrique du Nord). Il englobe cependant plus de dialectes, le catalan langue officielle d'Andorre n'étant pas exactement le même que celui des îles Baléares ou d'Alguer en Sardaigne.

La brochure "*80 pistes – guia de butxaca per a una bona estada a Catalunya*", diffusée par l'Université Autonome de Barcelone à l'attention des étudiants étrangers, explique que la place centrale qu'occupe le catalan parmi les langues romanes permet que tout locuteur de l'une d'entre elles soit capable de suivre en peu de temps des cours donnés en catalan. Il est à noter d'ailleurs que, bien que 60% des cours y soient dispensés en catalan, les étudiants peuvent au choix présenter leurs travaux en espagnol, indépendamment de la langue dans laquelle ils ont suivi le cours correspondant. Cette politique intégratrice et ouverte est fondamentalement opposée par exemple à celle d'arabisation forcée de l'Algérie, conduite sur un mode autoritaire, exclusif et incohérent dans l'enseignement primaire et secondaire… alors que toutes les universités sont restées exclusivement et officiellement francophones, ce qui, indépendamment de la fracture entre générations (cause de la guerre civile des années quatre-vingt-dix), a introduit une ségrégation entre les étudiants issus de familles ayant conservé l'usage du français à la maison et ceux issus de familles totalement arabisées, pour lesquels l'accès à l'université demande plus d'effort personnel. Cela explique aussi la piètre forme écrite des travaux universitaires algériens même quand leur fond est solide, puisque produits en français par des étudiants qui ont suivi toute leur scolarité, de la maternelle au baccalauréat, en arabe.

Loin de ce dogmatisme idéologique appliqué par un régime totalitaire, le gouvernement et la société civile de Catalogne, tout en encourageant vivement depuis les années quatre-vingt la généralisation d'une langue qui avait été marginalisée par deux siècles d'hégémonie linguistique castillane, ont choisi un modèle "intégrateur" pragmatiquement bilingue. Au-delà des obligations constitutionnelles d'un pays encore politiquement dépendant, il existe certainement une volonté de ne pas dépouiller la population catalane de l'atout que donne la maîtrise d'une langue internationale comme l'espagnol. Ailleurs en Europe on voit les populations de pays de langue nationale mineure se mettre massivement (spontanément ou sur injonction éducative gouvernementale) à des langues totalement étrangères de stature européenne ou mondiale, comme autrefois le français et l'allemand et aujourd'hui l'anglais. Mais il y a aussi une volonté politique, longtemps occultée par l'intransigeance sur l'officialisation du catalan mais qui vient d'être révélée par la loi de transition, d'intégrer toute la population actuelle à la Catalogne, sans exclusion des hispanophones.

Sur le plan linguistique le catalan est issu de la famille gallo-romaine, qu'un courant idéologique très à la mode dans l'enseignement français d'orientation soixante-huitarde a appelé "occitan" après avoir divisé les idiomes de la Gaule médiévale en langues d'*Oc* et langues d'*Oïl* (à l'amusement des Provençaux qui continuent de dire *Vo*), selon le grossier regroupement utilisé par Dante Alighieri il y a sept siècles pour relativiser le "précieux" provençal préféré par ses compatriotes toscans (et tous les poètes d'Europe) au mépris de leur propre langue. Mais il est vraisemblable qu'encore à son époque, comme il est attesté un siècle et demi plus tôt, les Toscans appelaient Provence toute l'antique *Provincia Romana* narbonnaise, *a Massilia usque ad Barchinonam* soit de Marseille à Barcelone.

Quant aux langues tout n'est pas si tranché, comme l'a justement montré Saussure déjà cité, mais un groupe de parlers que les linguistes plus anciens appelaient roman ou vieux provençal correspond vaguement à cette aire géographique moins influencée par les apports germaniques (et celtiques) des Francs et peuples apparentés. Frédéric Mistral désignait généralement par provençal la langue à l'est du Rhône, mais en faisait parfois (par exemple dans le Trésor) un synonyme de famille romane qu'il décrivait alors comme "*langue du midi de la France et de la Catalogne*". De leur côté, les poètes catalans de la Renaixença littéraire du XIX° siècle se reconnurent et s'inscrivirent sans réserve dans le Felibrige provençal. Le catalan n'a pas changé de famille d'origine du simple fait qu'au XVI° siècle le *Sí* castillan y a supplanté le *Hoc* roman encore usité en Catalogne jusqu'au XV° inclus.

La relation des idiomes de la famille dite gallo-romane avec le latin et ses évolutions dans d'autres aires (vers le nord et vers l'est) fut plus longue et jamais interrompue jusqu'à la fixation des langues romanes par l'écriture, lorsque celle-ci ne fut plus réservée au latin et admit les idiomes vernaculaires populaires jusque-là uniquement parlés. Il faut rappeler là que le latin était encore une langue bien vivante à la Renaissance[5], après avoir évolué pendant tout le Moyen-Âge. Mais les idiomes de la famille dite ibéro-romane furent coupés du monde latin par la conquête arabe, raison pour laquelle une bonne partie de leur lexique provient d'un latin ancien alors que des termes équivalents issus du latin moderne existent dans les idiomes gallo-romans. Le catalan n'a incorporé du vocabulaire d'origine arabe que tardivement et par l'intermédiaire du castillan, après l'union de la Castille et de l'Aragon catalanophone qui allait permettre la reconquête de toute la péninsule ibérique et l'implantation de fonctionnaires et de colons castillans et aragonais sur les territoires arabophones. Le seul apport notable de vocabulaire arabe directement au catalan, sans intermédiaire du castillan, correspond (bien plus tôt) à la reprise de Valence sur l'Andalousie par la Catalogne.

Pour un hispanophone, à l'écrit immédiatement mais aussi à l'oral une fois passés les écueils de la prononciation nasalisée et des temps originaux comme l'infinitif conjugué, le portugais, qui appartient à la même famille ibéro-romane que le castillan, est évidemment plus facile que le catalan. La répression linguistique ayant eu pour résultat qu'aujourd'hui la plupart des catalanophones sont d'abord hispanophones ou enfants d'hispanophones, la prononciation du catalan a été influencée au XX° siècle par

---

[5] La Renaissance au sens historique, partie de Toscane au XV° siècle, ne doit pas être confondue avec la renaissance littéraire provençale et catalane du XIX° siècle.

celle du castillan, au point de pouvoir surprendre un Provençal, voire un Catalan du XIX° siècle. À l'écrit cependant, et au niveau lexicologique, le catalan reste plus proche du provençal et des idiomes languedociens, qui appartiennent à la même famille gallo-romane, que du castillan.

Produit de l'histoire, la langue catalane est à la fois l'expression et l'un des ingrédients de la culture catalane.

Un peuple latin

La Catalogne possède indéniablement une culture propre foncièrement distincte des cultures ibériques.

La langue est le ciment, l'expression et le vecteur de l'identité, aussi de la linguistique à la sociologie il n'y a qu'un pas. La culture catalane n'est pas ibérique, elle est latine. Dès la fin de l'empire romain la péninsule ibérique a été conquise par les Vandales, un peuple du nom duquel on a tiré en français un verbe synonyme de saccager soit mettre à sac, de la même manière que le nom de Berbères désignait d'abord un peuple précis avant que "barbare" ne devînt l'appellation générique de tous les peuples non romanisés, puis un terme à connotation péjorative synonyme de brute. Le nom Al Andalous donné par les Arabo-Berbères, en arabe d'il y a treize siècles, signifiait précisément le pays des Vandales. Par analogie avec un autre territoire passé directement de la barbarie à la décadence sans avoir connu la civilisation, selon le résumé fameux d'Alexis de Tocqueville, on pourrait dire, au sens propre comme au figuré, que l'Ibérie est passée de la civilisation au vandalisme puis à la barbarie.

Une illustration contemporaine en est la tauromachie, que la Catalogne a abolie dès qu'elle l'a pu par la loi 28/2010 publiée le 3 août 2010, quelques semaines après la publication de sa nouvelle constitution amendée, le 9 juillet. Le Tribunal constitutionnel espagnol a cassé cette interdiction par son arrêt 7722/2010 du 20 octobre 2016, sous un motif d'anticonstitutionnalité pour le moins spécieux : le gouvernement catalan serait juridiquement compétent pour réguler les fêtes taurines, mais pas pour interdire la corrida car elle a été (allait être serait plus exact) proclamée patrimoine historique culturel par des lois espagnoles postérieures, en l'occurrence la loi 18/2013 (du 12 novembre 2013) pour la régulation de la Tauromachie (avec une majuscule) comme patrimoine culturel et la loi 10/2015 (du 26 mai 2015) pour la sauvegarde du patrimoine culturel immatériel. Le gouvernement espagnol qui, tentant depuis plusieurs années de supprimer du droit du travail la sieste qui rythme depuis des générations la journée des travailleurs de ce pays chaud, a ressenti l'urgence nationale de revendiquer au XXI° siècle l'hispanité de la tauromachie, a ensuite lourdement tenté, avec l'aide d'autres pays de même culture, de faire inscrire la tauromachie par l'UNESCO au patrimoine culturel immatériel mondial de l'humanité, et a partiellement réussi le 1er décembre 2016. Il est vrai que, même si en 1987 le jour de la "race" ou de l'hispanité a été proclamé fête nationale, pour la grande majorité des Espagnols l'expression *fiesta nacional* désigne toujours la corrida.

Accessoirement, et sachant que les demandeurs n'avaient aucune illusion d'imposer dans les faits en Catalogne le sacrifice taurin rituel, on peut s'interroger sur les motifs réels du Tribunal constitutionnel pour avoir fait l'acte d'autorité d'attaquer la compétence constitutionnellement garantie de la Catalogne en matière culturelle (et de protection des animaux) au moyen d'un arrêt juridiquement bancal puisque prétendant la rétroactivité des lois. En tout cas en Espagne, bien que les jeunes générations se détournent de la *corrida* et qu'un débat public existe, la disparition de ce symbole dominant et universellement connu de la culture espagnole semble inconcevable à moyen terme. Si les Parisiens voient dans la France un hexagone et les Romains voient dans l'Italie une botte, les Madrilènes voient dans l'Espagne une peau de taureau.

La culture ibérique est celle du mâle et de la force. Dans le monde entier la phallocratie est connue comme machisme, de l'espagnol *macho* signifiant mâle. Quand un enfant naît, s'il est de sexe féminin on dit *mujer* c'est-à-dire femme, par contre s'il est de sexe masculin on ne dit pas *hombre* (homme) mais *macho* c'est-à-dire mâle, voire *varón* qui signifie doté de verge. Dans les pays latins on dit évidemment fils et fille, plus significatifs du lien familial, en l'occurrence filial, que de la future vie sexuée du nouveau-né. En Espagne l'idéal du jeune homme, tant pour celui-ci que pour la femme, c'est le tueur de taureaux, qu'on l'appelle *toreador, torero, picador, matador* ou autre de ces subtiles distinctions. Les petits garçons s'entraînent dans la rue, dans la cour d'école ou dans le *patio* intérieur, de préférence à deux pour que le mal désigné par le sort puisse manœuvrer la bicyclette ou la brouette équipée de cornes, et même Luís Mariano n'a pu résister à l'appel de l'habit de lumière, qui joue auprès des femmes le rôle de l'uniforme militaire dans d'autres pays. Le jeune qui veut prouver son amour doit accomplir un acte de force plutôt que de courage, et de préférence dans l'arène. La figure dominante de cette culture patriarcale est le père de famille, non pas un patriarche biblique mais celui dont la mère menace les enfants désobéissants comme s'il avait encore le droit de vie et de mort sur toute la famille, esclaves inclus, comme au temps où l'Ibérie était arabe. Dans certains pays hispaniques aujourd'hui la violence domestique, exercée par le sexe fort, n'a pas disparu.

C'est tout le contraire de la culture latine. Dans les pays latins les hommes sont prévenants et les femmes attendent qu'ils s'effacent devant elles. L'idéal de l'homme est le chanteur, il y a mille ans le trouvère qui faisait le tour d'Europe pour enseigner aux seigneurs comment faire la cour aux dames, et aujourd'hui la vedette de variétés qui met l'amour en vers et en musique pour faire rêver de passion éternelle. Le savoir est plus prisé que la force, et même dans l'exercice de celle-ci la retenue et la magnanimité sont considérées comme une vertu plutôt qu'une faiblesse. L'art est dédié au culte de la beauté que l'on retrouve dans toutes les maisons. La figure religieuse dominante est la Vierge, belle, aimante et maternelle. Le respect est une question d'honneur mais on présente ses hommages à la femme du chef, pour sa féminité, avant de se présenter au chef, pour son autorité. Dans la famille la mère, *mama* plutôt que matronne, joue le rôle principal, et le visiteur ou l'invité sera plus pardonné s'il oublie la bouteille pour le maître de maison que s'il oublie le bouquet de fleurs pour la maîtresse de maison. Dans la rue, dans la cour d'école ou sous le balcon de la maison voisine, les petits garçons offrent à l'élue de leur cœur les fleurs qu'ils ont cueillies eux-mêmes, avec pudeur mais sans peur d'être traités de fillettes. La société latine est plus matriarcale ou en tout cas plus égalitaire, et si une marque de respect existe même dans l'intimité sans témoins c'est plutôt le respect de l'homme envers la femme que l'inverse. La culture latine, de par son besoin de séduire plutôt que de prendre, a engendré les ballades et sérénades et a excellé dans la musique, la poésie et autres arts d'expression.

La cosmogonie états-unienne, marquée par le Mexique qui a synthétisé les mœurs espagnoles et les mœurs aztèques (moins le sacrifice humain), assimile abusivement les termes de cultures latine et hispanique, ou "latino" et "hispano", et a répandu par la télévision cette erreur majeure à tout le reste de l'Amérique. Or une observation attentive des mœurs et des cultures montre que, même là où elles ont adopté les langues ibériques (espagnol et portugais), les populations latines sont restées très distinctes en termes de culture. En réalité il y a peu de pays latins en Amérique, à savoir l'Argentine dont la moitié des habitants ont au moins un aïeul italien et près du tiers ont un aïeul français, l'Uruguay très semblable, le Rio Grande do Sul où des millions de personnes parlent le talian (vénitien) récemment promu à un rang officiel, et le Québec d'ailleurs en voie d'arabo-berbérisation rapide. Mais il n'est nul besoin de séjourner longtemps dans ces pays pour comprendre que leur culture est, indépendamment de la langue, totalement différente et souvent opposée à celle des pays voisins de peuplement ibérique ou saxon déterminant. Confusément d'ailleurs les voyageurs ou immigrés sud-américains en Argentine constatent assez rapidement qu'il s'agit d'une autre culture, qu'ils croient simplement européenne (pour l'architecture) car ils ignorent que les cultures ibérique et germanique, par exemple, sont foncièrement différentes de la culture latine même lorsque la religion semble la même. Les Européens subissent d'ailleurs le même choc culturel en passant du Chili en Argentine ou l'inverse.

Une autre facette de cette différence de culture est la philosophie du droit. Le monde germanique a connu une longue disparition du droit écrit, pendant plusieurs siècles après l'effondrement de l'empire romain. Ces peuples pratiquaient le droit positif coutumier par opposition au droit écrit latin. Aujourd'hui représenté par la *common law* qui est essentiellement un *compendium* de jurisprudence, ce droit est caractérisé par l'histoire des jugements passés plutôt que la philosophie du droit naturel, le jugement particulier plutôt que la loi générale, le juge (influencé par l'avocat payé) plutôt que le législateur (mandaté par le citoyen électeur), le pouvoir judiciaire plutôt que le pouvoir législatif, l'applicatif plutôt que le normatif. Les partisans du droit coutumier assurent qu'il est plus juste car il prend mieux en compte la spécificité du cas par cas selon les circonstances, les tenants du droit codifié assurent que celui-ci est plus juste car il est le même pour tous et ne dépend pas de l'arbitraire d'un juge. Le droit positif fondamentalement contractuel cherche à privilégier l'accord entre les parties, alors que le droit écrit recourt à une norme indiscutable, à la demande du lésé, parce que la négociation paritaire entre le faible et le fort se termine toujours à l'avantage de ce dernier. Le droit coutumier instille dans les esprits la relativité universelle, rien ne pouvant être jugé dans l'absolu mais seulement par comparaison, au contraire du droit normatif qui distingue le permis et l'interdit, la loi clairement écrite et l'infraction flagrante de la loi. Le droit positif ou coutumier suppose que rien n'est mauvais en soi et qu'on ne peut juger l'acte que dans son contexte circonstanciel, alors que le droit normatif écrit prohibe certains actes et certains moyens (et garantit l'inviolabilité de certains droits) quelles que soient les circonstances.

En Ibérie, les Vandales puis les Wisigoths avaient essentiellement un droit coutumier positif. Ensuite vint le droit islamique en vigueur en Espagne arabe (califat puis émirats) du début du VIII° siècle à la fin du XV° siècle, qui mériterait une recherche approfondie mais avait très peu de texte normatif et beaucoup de transmission de la pratique (jurisprudence), et où la mutilation corporelle occupait une grande place dans l'arsenal pénal. La reconquête du reste de la péninsule après l'affirmation du centre de gravité castillan, héritier de la guerre pluriséculaire depuis les Asturies, sur l'ancienne métropole aragonaise de langue catalane et de culture latine (droit codifié notamment), s'est accompagnée de l'établissement et l'expansion de l'Inquisition (fin du XV° siècle). Ce système juridique d'exception, institué et manœuvré par les rois dits catholiques, avait été autorisé par la papauté qui comprit quelques décennies plus tard qu'il s'agissait d'un système répressif et expéditif, même si les successeurs de Ferdinand et Isabelle réussirent à différer son abolition pendant trois siècles, coïncidemment jusqu'à l'imposition dudit "code Napoléon", base du code civil actuel des pays civilisés et qui n'est rien d'autre que le droit écrit romain (amendé), que l'essentiel de la péninsule ibérique avait oublié pendant quatorze siècles. En la matière le monde roman a un héritage historique bien distinct de celui du monde ibérique gothique puis arabe. La culture latine est celle de l'État de droit, et de droit écrit, et c'est de cette culture que relève la Catalogne.

La Catalogne est indubitablement un pays latin, dont l'idiosyncrasie est bien plus proche de celle du Languedoc que de celle du reste de la péninsule ibérique.

Une puissance économique

En 2016, le produit intérieur brut (PIB) de la Catalogne s'est élevé à 223,6 milliards d'euros, ou 240 milliards de dollars au cours de change moyen de l'année. Pour 2017 on attend un PIB de 232 milliards d'euros.

Les données d'autres pays n'étant pas encore toutes connues, il faut reprendre les chiffres de 2015 pour pouvoir effectuer une comparaison internationale, en l'occurrence pour la Catalogne 204,7 milliards d'euros, ou 235 milliards de dollars au cours de change moyen de l'année. Selon ces chiffres (car d'autres sources revendiquent 215 milliards de PIB dès 2015) c'est en 2016 que l'économie catalane a dépassé l'économie irlandaise de volume à peu près comparable, distançant toujours plus celles du Portugal, de la Grèce et à plus forte raison de la Roumanie, pour ne pas parler de pays moins peuplés que la Catalogne. En dépassant l'Irlande, la Catalogne est donc devenue en 2016, virtuellement, la douzième puissance économique au sein de l'Union européenne (sur vingt-huit ou plutôt vingt-neuf en isolant la Catalogne de l'Espagne) et la huitième au sein de l'eurozone (sur dix-neuf ou plutôt vingt).

En termes de dynamisme ce PIB montre, comme d'habitude, une expansion économique forte en regard du contexte européen, en l'occurrence une croissance de 3,5% pour l'économie catalane en 2016 soit plus du double de la croissance moyenne de 1,5% en zone euro, sans grand changement par rapport à 2015 où la croissance catalane avait été de 3,4% et la croissance moyenne de 1,7% en zone euro. L'expansion de l'économie catalane est essentiellement alimentée par la demande intérieure, qui a crû de 3,2% sur l'année 2016, alors que le solde extérieur, c'est-à-dire l'excédent des exportations sur les importations, n'a progressé que de 0,6%. L'agriculture a pour sa part bondi de 10% tandis que l'activité industrielle a progressé de 4%. Les investissements étrangers (non espagnols), après une pointe à cinq milliards d'euros en 2010, avaient évolué depuis lors aux alentours de trois milliards par an, soit tout de même 50% de plus que la quinzaine d'années antérieure à la crise financière de 2008. Mais il n'est pas anodin de noter qu'en 2015 ces investissements étrangers en Catalogne ont bondi de 60% (atteignant le record de 2010) par rapport à l'année précédente, ce qui signifie que la crispation des positions respectives à l'occasion de la consultation populaire du 9 novembre 2014 n'a pas découragé les investisseurs étrangers… ou les a encouragés. D'ailleurs le 5 juillet 2017, le président de la chambre de commerce états-unienne en Espagne, Jaime Malet, pourtant anti-indépendantiste notoire, reconnut que les entreprises états-uniennes implantées en Catalogne n'ont pas préparé de "plans de contingence" comme celles implantées en Grande-Bretagne l'ont fait dans le cas du *Brexit*. Or les investissements états-uniens sont les plus importants investissements étrangers en Espagne.

Par contre, alors que la Catalogne contribue bon an mal an pour un cinquième au produit intérieur brut de l'Espagne (et donc aux impôts nationaux), elle ne reçoit qu'un dixième des investissements effectués par le gouvernement national dans les diverses régions. Plus précisément, en 2015 la Catalogne a reçu un milliard d'euros soit 9,5% de ces investissements publics dits "régionalisables" alors qu'elle avait fourni 18% du PIB national, et en 2016 elle a reçu 1,18 milliards soit 10,7% des investissements dits régionalisables alors qu'elle avait fourni 19% du PIB national comme en 2014. La Catalogne contribue aussi pour un quart aux exportations de l'Espagne. Pour sa part, son propre solde commercial de

11,5% du PIB en 2015 (dont 6% avec l'Espagne) place virtuellement la Catalogne en troisième position dans l'Union européenne sur ce ratio, dont la moyenne uniopéenne[6] s'établit à 3,3% soit trois fois et demie moindre.

Un indicateur économique plus important pour la population que pour les organisations économiques internationales est la situation du marché de l'emploi. En la matière chaque observateur a sa propre méthode de calcul et il est vraisemblable qu'aucune ne correspond réellement aux définitions du Bureau International du Travail. Sur ce sujet très sensible on peut deviner que tous les gouvernements enjolivent la réalité, celui de la Catalogne comme (ou différemment de) ceux de l'Espagne, de la France et de l'Union européenne, et même au sein de celle-ci les statistiques établies théoriquement selon les mêmes méthodes ne sont pas comparables puisque les dispositifs de "traitement social du chômage" (habillement des termes en amont des statistiques) sont différents d'un pays à l'autre. Les définitions et les méthodes de calcul sont cependant identiques pour la Catalogne et pour le reste de l'Espagne, et comme le panorama économique général le suggère, en dépit d'un taux d'immigrés bien supérieur parmi la population de la Catalogne (près de 15%) qu'au niveau espagnol, chaque année le taux de chômage catalan est à peu près inférieur de trois points de pourcentage au taux de chômage espagnol. Néanmoins, par prudence et par

---

[6] Bien que le Conseil de la langue française et de la politique linguistique ait, le 8 juin 2011, recommandé l'utilisation et la promotion du terme *europunien*, après avoir aussi examiné les hypothèses *unional*, *unieuropéen* et *uniopéen*, on conservera le vocable *uniopéen* inventé par Stratediplo, dont l'usage l'avait déjà statistiquement emporté au moment de cette décision tardive.

pudeur, et compte tenu des réserves ci-dessus, on se gardera de produire ici des chiffres espagnols qui généreraient la tentation de comparer avec ceux, élaborés selon des définitions différentes, de la France et du Portugal voisins, et on se contentera de confirmer qu'il y a moins de chômage en Catalogne que dans le reste de l'Espagne. On peut ajouter que le chômage, quelle que soit la définition statistique qu'on en prenne en compte, diminue *grosso modo* de deux points de pourcentage par an[7].

Le nombre d'emplois à plein temps croît chaque année plus vite que la population active, bien qu'à un rythme inférieur au rythme de croissance de l'économie en valeur absolue, ce qui témoigne d'un accroissement de la compétitivité. Par exemple si en 2015 l'économie a crû de 3,4% et l'emploi a crû de seulement 2,4%, ce différentiel s'explique par un accroissement de la compétitivité du travail, dû évidemment à l'investissement en capital, qu'il soit matériel comme l'équipement ou immatériel comme les compétences.

Le PIB par habitant se situe juste devant celui de l'Italie (et loin devant celui de l'ensemble de l'Espagne), mettant la Catalogne en treizième position de revenus moyens au sein de l'Union européenne, s'élevant à de l'ordre de 27500 € en 2015 soit 31500 $, et près de 30000 € en 2016 soit 32000 $. La progression semble faible puisque le PIB total ou par personne est converti en dollars pour l'établissement des classements internationaux donc malmené par la chute du taux de change, mais ces 1,5% d'accroissement apparent en dollars correspondent en

---

[7] De même les indicateurs de pauvreté et d'inégalité économique baissent d'année en année.

réalité à 9% de croissance réelle du PIB par habitant, en euros.

Son dynamisme ne datant pas d'hier, la Catalogne a formé il y a près de trente ans avec la Lombardie, le Bade-Wurtemberg et la région Rhône-Alpes (récemment augmentée de l'Auvergne) l'entente Quatre Moteurs pour l'Europe, qui va plus loin qu'un simple jumelage ou échange d'expériences puisqu'il s'agissait à l'origine de promouvoir le rôle des régions et de leurs acteurs économiques au sein de l'Union européenne, et maintenant de renforcer leur compétitivité économique, scientifique et technologique en favorisant les partenariats interrégionaux, ces quatre régions ayant en commun un PIB au-dessus de la moyenne européenne, une économie dynamique et innovante et un riche patrimoine naturel.

Par ailleurs son effort de gestion permet de réduire le poids relatif des services publics sur la société productive. Le budget public de la Catalogne comprend celui du gouvernement (la Generalitat) soit 25 milliards d'euros en 2017 (24 milliards en 2015), plus celui des collectivités territoriales et du service médico-hospitalier soit 2,5 milliards, plus celui des universités publiques soit 0,5 milliard. Ce total de 28 milliards en 2017, rapporté aux 27 milliards de 2015 et aux 27,4 milliards de 2016 montre une progression bien inférieure à la croissance de l'économie.

Jusqu'à présent 75% du budget public catalan est voué aux dépenses sociales, elles-mêmes pour moitié dédiées à la santé et pour un tiers à l'enseignement, et 80% de l'augmentation de la dépense publique en 2017 par rapport à 2016 se justifie aussi par les dépenses sociales. Cette augmentation de la dépense publique est permise d'une part par l'augmentation des rentrées fiscales, elle-même due à la croissance de la base fiscale (croissance de l'économie) et à l'institution de nouveaux impôts[8], et d'autre part par la baisse du service de la dette (les intérêts) puisque le gouvernement catalan se désendette sérieusement.

Si le microscope des auditeurs espagnols, irrités par la ligne prévoyant 6 millions d'euros pour le referendum en 2017, a permis de détecter que la ligne budgétaire affectée par le gouvernement catalan aux relations institutionnelles et extérieures a pratiquement doublé entre 2015 et 2017, passant de 34 à 64 millions d'euros, on parle là de respectivement 0,16% (un et demi pour mille) du budget catalan en 2015 et 0,28% (trois pour mille) du budget en 2017, et d'à peine 2% de l'augmentation du budget entre ces deux années (l'une des toutes dernières priorités), ce qui ne laisse pas auguer d'une grande offensive diplomatique tous azimuts en faveur de la reconnaissance internationale de la souveraineté de la Catalogne… surtout en sachant que seulement un tiers de ce montant correspond aux relations extérieures (essentiellement européennes). Un effort sera évidemment nécessaire puisqu'il n'y a que quatorze bureaux de représentation à l'extérieur, mais il n'apparaît pas encore dans les planifications budgétaires. Par ailleurs le gouvernement catalan soigne aussi ses fournisseurs, et entre la fin 2015 et la fin 2016 il a réduit ses délais de paiement de deux mois à un mois.

Les règles de la zone euro, instaurées initialement comme critères de convergence pour les pays candidats puis

---

[8] Les nouvelles taxes portent sur les boissons excessivement sucrées et sur les matières radioactives, celle envisagée sur le gaz carbonique semblant avoir été différée.

transformés en objectifs de stabilité[9], exigent entre autres que le déficit budgétaire, soit l'écart entre les rentrées fiscales et les dépenses, généralement couvert par de l'emprunt, ne dépasse pas 3% du PIB du pays. Pour sa part l'Espagne réserve l'essentiel de cette autorisation de déséquilibre budgétaire à l'administration centrale et n'autorise aux régions autonomes qu'un déséquilibre bien inférieur. En l'occurrence l'autorisation de déficit accordée à la Catalogne était de 0,7% de son PIB en 2015 et 2016 et 0,5% en 2017. Pourtant l'Espagne avait obtenu de la Commission européenne une autorisation de déficit de 4,2% pour 2015 qu'elle ne respecta pas puisqu'elle termina à 5,1%, une autorisation de déficit de 4,6% pour 2016 car la Commission européenne n'avait pas pris au sérieux la prévision espagnole irréaliste de 2,8%, et une autorisation de déficit de 3,1% pour 2017.

Alors que le gouvernement espagnol considère normal de s'endetter sur le PIB apporté par les provinces puisqu'il assume pour elles des charges de souveraineté comme défense et diplomatie, de son côté le gouvernement catalan qui assume l'essentiel de l'administration publique (y compris la police[10] que les autres provinces n'ont pas hormis la Navarre et le Pays Basque) considère comme une injustice de ne bénéficier que de 15% de l'autorisation d'endettement générée par son propre PIB provincial tandis

---

[9] Certains pays obtiennent parfois des dérogations en raison de leur puissance, comme l'Allemagne et la France, ou de leur situation critique, comme l'Espagne, l'Irlande et la Grèce.

[10] La police catalane ou *mossos d'esquadra* se voit d'ailleurs refuser par le gouvernement central l'accès aux données d'Interpol et une augmentation de 3% de ses effectifs (donc inférieure à la croissance économique catalane) alors qu'elle a procédé dernièrement à 37% de toutes les interpellations d'islamistes en Espagne.

que le gouvernement espagnol s'arroge 85% de cette autorisation d'endettement assise sur le PIB de la Catalogne. C'est l'un des contentieux politico-économiques récurrents, comme dans la plupart des pays où la province la plus riche a le sentiment de travailler pour renflouer les plus pauvres.

Quand bien même la Catalogne devrait, pour construire un véritable État dans toutes ses dimensions, passer d'un budget annuel tout compris de 30 milliards d'euros aux 50 à 60 milliards qu'annonce son ministère de l'Économie, et emprunter la différence la première année avant la collecte des premiers impôts non reversés, la Catalogne aurait toujours une bonne marge et resterait parmi les pays les mieux gérés de la zone euro.

DÉTERMINANTS

De la langue à la nation

L'idéologie nationaliste de la Révolution dite française, en inventant un facteur artificiel d'identification, a introduit de nouvelles raisons de division dans toute l'Europe.

Étymologiquement le mot de nation renvoie, comme celui de nature, à l'idée de naissance. Ainsi, alors que la Révolution qui a créé l'idéologie nationaliste prétendait abolir toutes les distinctions de naissance entre Français, en inventant la nationalité française elle instituait une distinction de naissance entre Français et étrangers, qui n'existait pas auparavant.

Souhaitant abolir tous les corps intermédiaires entre l'individu et l'État, la république unitaire et totalitaire put facilement dissoudre légalement les États ou provinces et leurs parlements, qui étaient des institutions donc par nature destituables, mais il lui fut plus difficile d'anéantir les peuples, qui sont des réalités naturelles non instituées et sans statut légal. Il était facile de bannir de tout document officiel l'ancienne expression royale "les peuples de France" ou "nos peuples", mais plus difficile de faire perdre aux citoyens leur identité collective tangible et leur sentiment d'appartenance communautaire immédiate. Bien sûr on abolit les paroisses en instituant un état-civil administratif central, en interdisant les références religieuses (puis en réprimant le culte) et en créant des mairies administratives standard après abolition de toutes les chartes municipales et des lois particulières ou privilèges.

Pour créer une nation on institua le service militaire universel obligatoire (sans pour autant supprimer les impôts autrefois dus par les personnes non soumises au service militaire), destiné à forger un sentiment d'unité nationale face à l'ennemi mais aussi à brasser les origines géographiques sous un seul drapeau. Les hussards de la République, fidèles servants d'un régime aveuglément asservi à l'idéologie, enseignèrent "nos ancêtres les Gaulois" aux enfants berbères, hmongs et canaques. Toutefois, abolir les peuples fut plus long car il fallait pour cela faire disparaître les langues et dialectes autres que le français, et au XX° siècle les instituteurs avaient pour pratique de punir les enfants qui parlaient "patois" entre eux à la récréation. Hormis l'appartenance au même État, le seul point commun entre un Alsacien protestant, un Breton catholique, un Comtadin juif et un Pondichérien hindou, ce ne pouvait être que la langue nationale.

Il existe pourtant des nations, récemment constituées sur des territoires où une colonisation homogène voire hétérogène a supplanté les peuples aborigènes. En Argentine, en Australie et au Brésil, des millions d'immigrants essentiellement (mais pas uniquement) européens, arrivés individuellement ou en petits groupes, se sont intégrés à une identité collective jeune constituée d'un fonds de culture coloniale locale enrichie des mythes de l'indépendance puis de l'assertion existentielle particulariste face aux vieilles puissances européennes (et aux pays voisins). Là les familles voisines d'origine italienne, allemande ou irlandaise ont construit des maisons similaires adaptées au climat et aux matériaux locaux, le choix personnel du colon qui a quitté les Pouilles ayant autant de chances de lui donner un voisin allemand en

Argentine que de donner à son frère un voisin polonais en Australie. Hormis au Canada où la colonisation post-française est communautaire, les nouveaux arrivants ont construit une nation parce qu'ils n'ont pas trouvé (ou laissé) de peuple auquel s'intégrer. En vérité dans ces contrées l'institution de l'État a précédé l'arrivée de l'essentiel de la population, qui d'ailleurs, toutes origines linguistiques confondues, a bien été obligée d'adopter la langue commune enseignée par le système éducatif national.

En Europe c'est l'inverse, et si l'idéologie nationaliste a fait autant de dégâts c'est parce qu'elle a engendré la recherche de l'État-nation, motivation dominante qui a déterminé les guerres de ces deux derniers siècles, au XIX° par la constitution de nouvelles nations et au XX° par le démembrement d'anciens ensembles multinationaux. Avant cette idéologie on a su unir des peuples et constituer progressivement, au cours des siècles, des ensembles hétérogènes comme les empires au sens perse, romain, byzantin, aztèque ou russe, où l'autorité centrale, mais pas totale et exhaustive, allait construire un minimum d'État commun pour administrer le vivre ensemble, essentiellement la défense extérieure et l'arbitrage entre entités constitutives. Au contraire au XIX° siècle on a d'abord dessiné arbitrairement des frontières, à Paris pour l'Europe puis à Berlin pour l'Afrique, parfois avec une bonne conscience géographique, et ensuite on confiait à un État unique le soin de fusionner les divers peuples ou éclats de peuples en une nation.

La politique, cet art de gérer la réalité existante, avait laissé place aux politiciens, ces professionnels de la négociation entre puissants. On dessina des frontières artificielles infranchissables, et un peu plus tard on fonderait une Société des Nations pour en garantir l'intangibilité. Il ne restait plus qu'à obliger les Ligures continentaux à parler florentin au lieu de génois et les Ligures insulaires à parler français au lieu de corse, à enseigner les lumières de Danton et la félonie de Charlotte de Corday aux Kountas pasteurs esclavagistes nomades blancs musulmans arabophones dans la même salle de classe qu'aux Sénoufos agriculteurs sédentaires noirs animistes francophones. On démantela la fédération austro-hongroise de peuples hétérophones située entre la France et la Russie, ce grand ensemble héritier du Saint Empire Romain Germanique, dont la position centrale avait gêné tant de puissances potentielles mais périphériques comme la France, la Turquie, la Russie et l'Angleterre.

Au XIX° siècle la Prusse unit tous les pays germanophones, puis se mit à en harmoniser (éradiquer) les dialectes. Au siècle suivant la conséquence en a été le souhait par l'Allemagne d'annexer les régions habitées par des peuples germanophones dans d'autres États, puis, une guerre plus tard, l'expulsion de ces peuples, suspects malgré eux de trahison, par ces États une fois victorieux, en direction de l'Allemagne vaincue qui reçut ainsi les populations mais par leurs terres dont elles furent dépossédées et chassées. Les quelques pays germaniques restés ou redevenus indépendants soignent maintenant leur spécificité, et l'Allemagne unie est restée une fédération, dont un constituant majeur, la Bavière catholique, a été poussée à la sécession par l'invasion musulmane appelée par le gouvernement fédéral en 2015, et reprise *in extremis* par la ruse et la menace de la force, le 13 septembre 2015.

Au XIX° siècle encore le Piémont-Sardaigne unit tous les pays de la péninsule italienne, puis se mit à en harmoniser (éradiquer) énergiquement les dialectes. Au XIX° siècle toujours, à l'appel des intellectuels croates et sans considération des religions inconciliables, la Serbie unit tous les pays des Slaves du Sud moins la Bulgarie mais n'imposa pas la langue serbo-croate aux provinces qui avaient leur propre dialecte (Slovénie, Macédoine et Monténégro), ni même aux minorités porteuses de la langue d'un pays voisin (Magyars, Chiptars et Vénitiens). On alla jusqu'à officialiser une vingtaine de "nationalités" dont cinq constitutives et les autres minoritaires, cette "nationalité" étant une identité communautaire du niveau inférieur à la citoyenneté yougoslave (en réalité des peuples), comme serbe, croate, slovène mais aussi italien, hongrois, gitan… puis en 1972 musulman, ce qui ne pouvait déboucher que sur l'éclatement.

    Les tenants du nationalisme à vocation universelle peuvent y voir la démonstration de la nécessité d'unification par une langue commune et regretter qu'avec un peu plus de fermeté éducative et une génération de plus il aurait pu y avoir aujourd'hui vingt millions de Yougoslaves parlant serbo-croate, soit plus que de locuteurs de hongrois, de grec ou de suédois. Les tenants du respect des peuples (populisme est devenu un gros mot) peuvent y voir la démonstration du caractère artificiel et forcé de l'unification et se réjouir que six cent mille Monténégrins, deux millions de Slovènes ou encore deux millions de Macédoniens parlent leur propre langue. À l'école tous prennent l'anglais comme première langue étrangère et l'italien ou l'allemand comme deuxième. La tour de Babel n'est pas qu'un mythe. Dans le monde latin autrefois, comme dans le monde arabe aujourd'hui, la dispersion géographique des peuples a entraîné de telles disparités de prononciation en dépit de l'unicité de l'écriture, qu'après deux mille ans d'extension et de variation de la langue, au XVII° siècle les diplomates européens ne se comprenaient plus oralement.

    Au niveau international, depuis le traité de Rastatt les souverains et ambassadeurs finirent par imposer à l'Empire l'usage du français, non pas initialement pour sa précision[11] mais pour sa neutralité puisqu'il était une langue étrangère pour tous, et encore homogène puisque récemment diffusé dans toutes les capitales (aujourd'hui il n'est pas sûr qu'un Réunionnais comprendrait un Québécois).

Au niveau interne, il fallut un siècle de plus pour que les sujets de l'Empire commencent à obtenir le droit de s'exprimer dans leurs parlements autrement qu'en latin, ce qui fut le réveil des consciences de peuples. Mais les idiomes longtemps réprimés, cantonnés à l'oral et limités à un usage vicinal s'étaient fractionnés en une multitude de dialectes. Au moment où l'esthétique romantique inspira et anima tous les artistes d'Europe, poètes et romanciers en particulier, le retour à l'authentique et la recherche des racines raviva les parlers populaires. Se rassemblant pour relever leurs langues, les écrivains cherchèrent à en harmoniser les variantes par une graphie commune et simple.

Ainsi l'Accord de Vienne appelé par Franc Miklošić vit Vuk Karadžić harmoniser une vingtaine de dialectes en un serbo-croate chtokavien au moment même où les provinces d'Autriche-Hongrie de culture slavonne voulaient rejoindre la Serbie émancipée de la Turquie. La Respelido provençale vit Joseph Roumanille initier la simplification connue comme "graphie mistralienne" pour le provençal rhodanien, non exclusive de la graphie classique toujours imprimée pour les œuvres antérieures. Inspiré par le Félibrige, Bonaventura Carles Aribau lança la

---

[11] Le grand francologue Léopold Sedar Senghor explique que c'est la précision du français qui en a fait la langue de la science mais aussi que, comme le grec plus tôt, l'exigence de sa syntaxe a formé des esprits logiques au contraire par exemple de l'anglais qui ignore la concordance des temps.

Renaixença catalane. Et finalement la réunification par la codification écrite moderne de variantes parlées multiples, en une époque de désuétude où personne ne prêtait attention aux travaux de quelques linguistes illuminés, a donné des langues modernes cohérentes faciles à apprendre où en lisant un mot on sait le prononcer et en l'entendant on sait l'écrire, contrairement aux langues qui ont varié en graphie ou en prononciation depuis leur codification. Finalement le réveil des langues a facilité le réveil des peuples "*car de mourre-bourdoun qu'un pople toumbo esclau, se tèn sa lengo tèn la clau que di cadeno lou desliéuro*"[12].

  L'un des précurseurs du nationalisme est Johann Gottfried von Herder, pour qui l'homme est déterminé par son expression et façonné par la langue dans laquelle il s'exprime. Né dans l'abstraction le nationalisme s'est fixé sur le critère concret de la langue, comme les Flamands francophones et les Flamands germanophones s'en sont rendus compte après avoir fondé un État sur la base de leur foi catholique commune quelques générations avant que la désaffection du fait religieux n'érige la langue en facteur d'identification principal. Mais la nationalité inventée par la Révolution se reçoit par la naissance, elle ne se choisit pas et elle est transmise par les parents. Sur le continent européen c'est une idéologie née des cultures germaniques, peuples nomades voire envahisseurs qui n'étant pas attachés à une terre tirent toute leur identité de leur filiation. Cette culture de caractère tribal a encore été ranimée dans les années quatre-vingt-dix par la propagande allemande qui, justement pour défaire la Yougoslavie (et occulter la guerre de religions), a réintroduit en Europe le mot "ethnies" qu'on croyait réservé aux peuplades primitives

---

[12] "Qu'un peuple tombe en esclavage, s'il a sa langue il détient la clef qui le délivre de ses chaînes" – Frédéric Mistral.

d'Afrique et d'Asie, justifiant le droit du sang ou *jus sanguinis* au nom duquel, par exemple, la Croatie allait déporter et expulser le huitième de sa population.

Du danger nationaliste

Au contraire dans les pays latins et ceux imprégnés de leur culture sédentaire et du droit latin écrit, la règle a longtemps été le droit du sol, *jus soli*.

Il existe une différence morale (au sens de mœurs objectives, pas d'éthique subjective) fondamentale entre les peuples sédentaires paysans, généralement pacifiques ou du moins défensifs sur leurs terres, et les peuples nomades tribaux, généralement guerriers ou du moins offensifs sur les terres des autres. Les peuples qui vénèrent avant tout la geste des ancêtres sont plus difficiles à dominer car emportant leur identité avec eux ils préfèrent migrer plutôt qu'être asservis. Les peuples qui vénèrent avant tout la *patria* ou terre des ancêtres sont plus difficiles à déraciner car ne pouvant emporter leur identité ils préfèrent changer de maîtres plutôt que quitter leur sol. Le nationalisme chérit un trésor meuble, le patriotisme chérit un trésor immeuble. Le Juif soudé dans l'errance est nationaliste, le Palestinien immuable sous les occupations successives est patriote. Au cours des siècles les Germains, les Vandales et les Wisigoths cités précédemment, les Huns, les Arabes, les Vikings et les Magyars ont fini par se fixer sur des territoires, mais ils ont conservé leur droit coutumier, leurs traditions et bien sûr leur vision de l'identité reçue par les parents plutôt que trouvée sous ses pieds.

Mais pour l'essentiel des peuples d'Europe, civilisés par Rome ou Constantinople, l'identité résidait dans le territoire. Pendant des siècles les hommes libres pouvaient sillonner le continent, à la condition de parler la *lingua franca* latine, et adopter les us des contrées où ils s'installaient, comme l'illustre immigrée Catherine la Grande, ou comme tous les ministres recrutés en France (et dans d'autres pays) sans considération de leur allégeance de naissance.

Les débordements de bandes de mercenaires démobilisés ont toujours existé mais avant l'invention de la guerre totale justifiée par le nationalisme (et permise par le service militaire obligatoire universel et sans limitation de durée), les provinces changeaient de suzerain ou d'État de rattachement sans être dépeuplées et repeuplées, ou acculturées. Les peuples provençaux, par exemple, ont gardé une culture commune malgré sept siècles de séparation politique, et n'ont commencé à la perdre qu'avec la francisation forcée qui fit suite à l'incorporation des derniers d'entre eux (le venaissin et le nissart) à la France : leur identité qui avait survécu à sept siècles d'absence d'un État-nation commun ne survit pas à deux siècles d'un État-nation étranger. Au gré des alliances, des fusions dynastiques et des guerres, une province pouvait passer d'une allégeance à l'autre sans changer sa langue, sa religion ni ses lois, et généralement sans même changer son administration organique interne, en termes de personnes (éventuellement ralliables ou révocables) mais surtout en termes de structures permanentes. La Révolution française vit dans les corps intermédiaires des obstacles entre l'État et le citoyen alors qu'ils étaient l'émanation naturelle de la société ou plutôt des sociétés distinctes qu'un grand État multipopulaire doit fédérer. Avant cette idéologie jacobine ennemie des différences, selon les hasards de sa constitution progressive un même État pouvait comporter plusieurs systèmes juridiques, chaque province étant incorporée avec son droit propre. Alors on était évidemment plus déterminé par le lieu où l'on vivait, et dans une moindre mesure par le lieu où l'on était né, que sous quelle juridiction ou de quelle peuplade on était né. Les droits et obligations dépendaient du lieu où l'on se trouvait.

Alors que certains envahisseurs germaniques s'étaient convertis à l'arianisme philosophiquement plus compatible avec leur cosmogonie patriarcale, les Francs s'étaient christianisés en même temps qu'ils s'étaient romanisés, et avaient installé leur droit coutumier sans faire table rase du droit romain antérieur, interrompant moins que d'autres la marche civilisatrice du droit écrit vers le nord. Plus tard dans l'ancienne France, avant l'invention de la nationalité française transmise par les parents où que l'on naisse, les sujets présents sur les terroirs de France étaient simplement appelés Régnicoles, ce qui signifie littéralement ceux qui vivent dans le royaume. On jouissait des droits (et devoirs) de régnicole du simple fait de vivre en France, ou suivant les époques d'être né en France, même de parents étrangers. D'ailleurs, et contrairement aux simples voyageurs venus de pays outre-frontières, les citoyens des territoires étrangers enclavés en France (États pontificaux notamment) bénéficiaient aussi, à titre exceptionnel mais inscrit dans le droit français, des droits de régnicole lors de leurs séjours ou transits en France.

Quand la France émit les premiers passeports, qui étaient en fait des lettres de recommandation par lesquelles la puissance la plus respectée certifiait que le voyageur était son sujet et demandait aux pays (surtout lointains) de bien le traiter, ils étaient délivrés à toute personne en faisant la demande, fût-il un Illinois de Huronie souhaitant aller visiter l'Alaska russe. Le passeport était une attestation d'origine géographique ou plutôt de résidence en France, pas comme dans beaucoup de pays aujourd'hui un certificat (voire un synonyme) de nationalité chèrement convoité par les immigrés non encore naturalisés[13]. Lorsque la France s'est étendue à l'Amérique du nord, les indigènes devinrent automatiquement des régnicoles. Contrairement à d'autres puissances européennes qui cherchaient plus des terres cultivables que des sujets, la France n'a procédé à aucune extermination ou déportation parce qu'on considérait qu'un peuple était attaché à une terre et défini par celle-ci. La tradition française est sans aucun doute celle du *jus soli*, et la vénération de la nation plutôt que de la patrie y est récente en termes historiques.

Le nationalisme toujours prégnant en Europe, notamment dans les États jeunes, est encouragé par les institutions européennes. Le Conseil de l'Europe, par exemple, institution vouée à la protection des droits de l'homme, a admis en son sein la Croatie en 1996, c'est-à-dire un an après qu'elle ait terminé d'expulser un huitième de sa population, le demi-million de personnes qui avaient le malheur d'appartenir au peuple serbe de Croatie, devenu une "minorité nationale" après que la constitution du 22 décembre 1990 (antérieure à la sécession) lui ait retiré le statut de peuple constitutif, puis tout simplement expulsé *manu militari*. L'Union européenne, de son côté, a admis en son sein la Lettonie en mai 2004, en sachant qu'un amendement de février (projeté bien avant le traité d'adhésion de 2003) à la loi sur l'enseignement venait de marginaliser, et qualifier d'étrangère, la langue de 40% de la population. L'Union européenne a aussi accepté que ce pays continue, selon sa constitution ségrégationniste de 1991 et sa loi de nationalité de 1998, de considérer comme apatride pas loin de la moitié de sa population native,

---

[13] Dans certains pays comme en Argentine les résidents étrangers peuvent obtenir un passeport, sur lequel figure d'ailleurs leur nationalité étrangère s'ils ne sont pas apatrides.

comptée dans les quotas pour l'attribution de sièges au Parlement européen mais dépourvue de droit de vote, donc que l'Union accepte de voir représentée dans les organes communautaires par ses oppresseurs[14]. L'Estonie a été admise dans l'Union européenne dans des conditions similaires, et si la situation est bien meilleure en Lituanie c'est plus en raison de la ferme volonté d'assimilation montrée par l'État que d'une quelconque pression des institutions européennes.

Plus récemment, à peine installé à Kiev par l'Union européenne au moyen du coup d'État du 22 février 2014 (lendemain de la signature de l'accord de sortie de crise parrainé par la France, l'Allemagne et la Pologne et surlendemain du pogrom de Korsun), le nouveau régime national-socialiste a immédiatement dissous l'État ukrainien en abrogeant sa constitution, puis il a retiré le statut de langues officielles régionales à toutes les langues autres que l'ukrainien, à savoir le russe, le tatar de Crimée, le hongrois et le polonais. Refusant de négocier avec les régions qui refusaient de reconnaître le coup d'État et réclamaient le rétablissement de la constitution, le nouveau régime installé à l'ouest du Dniepr envoya le 15 avril l'armée ex-ukrainienne contre les populations qui avaient saisi pacifiquement des bâtiments publics comme l'avait fait (avec effusion de sang) à Kiev l'opposition pro-uniopéenne. Ayant ainsi fait sécession de l'Ukraine, dont la constitution interdisait d'ailleurs l'utilisation de l'armée sur le territoire national et en maintien de l'ordre, ce nouveau régime considéra les régions réfractaires au coup d'État

---

[14] L'Union européenne aurait très bien pu exiger pour l'attribution de ces sièges qu'ils soient élus par la population à représenter, et différer leur attribution jusqu'à ce que cette population reçoive la nationalité et le droit de vote.

comme un pays étranger, décompta les victimes civiles comme pertes étrangères ennemies et manifesta son intention de déporter toute la population de ces régions, tout en proclamant sa souveraineté sur l'ensemble de l'ex-Ukraine. Ce nationalisme malorusso-galicien exacerbé excluait les autres peuples, notamment grand-russe, cosaque et tatar, et Bogdan Boutkevitch en a froidement justifié et quantifié les implications génocidaires.

De telles tragédies ne pouvaient évidemment que conduire à s'inquiéter des conséquences possibles d'un nationalisme catalan, déjà fièrement exprimé dans la revendication linguistique, après le rétablissement de la souveraineté de la Catalogne. Ces inquiétudes seraient encore plus fortes en cas de sécession sur un mode conflictuel. En effet le rôle identitaire majeur joué par sa langue pouvait laisser redouter une ségrégation basée sur la nationalité reçue des parents, selon le modèle toléré ou encouragé par les institutions européennes, ou sur la possession de la langue.

DÉTERMINANTS

Un patriotisme inclusif

C'est certainement en raison des sanglants précédents nationalistes en Europe que le gouvernement catalan a tenu à préciser ses intentions, non pas au moyen de vagues déclarations de bonne volonté, mais par la préparation d'un texte de niveau supra-légal précisant le statut des populations allogènes et leur apportant des garanties quasiment constitutionnelles.

Il n'est pas certain que le projet de loi de transition publié par El País le 22 mai 2017 soit authentique, mais il engage cependant d'une certaine manière le gouvernement catalan car celui-ci ne saurait désormais soumettre au parlement un projet moins sécurisant pour les populations. Car d'une part le gouvernement catalan (et sa population même indépendantiste) n'adhère pas aux idéologies qui ont poussé l'Allemagne à encourager la sécession d'une Croatie qui venait de bannir l'un de ses peuples constitutifs et d'en épurer ses services publics, et de reprendre ses symboles de l'époque national-socialiste, ou les idéologies qui poussent l'Union européenne à encourager la Lettonie et l'Estonie à maintenir hors du parlement, hors du corps électoral et sans nationalité une part significative de leur population native. Et d'autre part le parlement de Catalogne lui-même, composé en grande partie de non-Catalans et élu par l'ensemble du corps électoral espagnol résidant dans les circonscriptions électorales de la région autonome, ne voterait pas un texte discriminatoire envers un tiers à la moitié de la population.

La loi de transition juridique aurait pu ne mentionner que les normes juridiques applicables jusqu'à l'adoption d'une constitution, sans même éventer à l'avance les conditions de la proclamation d'indépendance qui feront entrer en vigueur cette loi de transition, voire ajouter les modalités de transition entre administrations espagnoles et catalanes, y compris certes les conditions de maintien des fonctionnaire non-Catalans. Mais rien ne l'obligeait à détailler le code de la nationalité, qui dans la plupart des pays font l'objet de lois et décrets distincts de la constitution, postérieurs et plus facilement modifiables, comme en témoignent les permanentes errances du code de la nationalité français.

Auront la nationalité catalane d'origine tous les Espagnols qui, au moment de l'entrée en vigueur de la loi, auront été inscrits sur la liste électorale d'une municipalité de Catalogne depuis au moins un an. C'est, sauf erreur, la loi la plus large et inclusive jamais promulguée à l'indépendance d'un pays. Les Espagnols enregistrés en Catalogne depuis moins d'un an pourront demander la nationalité catalane au bout de deux ans d'inscription. Seront Catalans également tous les Espagnols nés en Catalogne. Il s'agit de l'application stricte du *jus soli*, assez fréquemment adoptée lorsqu'un pays accède à l'indépendance, mais cependant pas systématiquement puisque rejetée par plusieurs pays membres de l'Union européenne déjà cités : 12% des Yougoslaves nés dans la république yougoslave de Croatie se sont vus refuser la nationalité croate à l'indépendance, et 40% des Soviétiques nés dans la république soviétique de Lettonie se sont vus refuser la nationalité lettone à l'indépendance (30% dans le cas de l'Estonie). Seront Catalans aussi les Espagnols qui, bien que résidant hors de Catalogne, y aient eu leur dernier domicile légal pendant au moins cinq ans. Cette formulation divulguée par El País n'est pas nécessairement claire pour un non-Espagnol. Soit le "dernier domicile" signifie celui avant le départ de Catalogne, c'est-à-dire en fait l'avant-dernier, soit il y a effectivement une différence administrative entre le domicile légal et l'inscription électorale, et le législateur préfère favoriser celui qui s'est impliqué dans la vie de la cité (en n'exigeant qu'un an ou deux d'inscription pour l'électeur) plutôt que celui qui a vécu en Catalogne tout en continuant de voter ailleurs (de celui-là on exige cinq ans). Dans tous les cas cette catégorie s'adresse à ceux qui ne résident plus là mais y ont gardé un lien. Enfin, concession aux règles en vigueur de nos jours dans la plupart des pays du monde, seront Catalans les enfants de Catalans.

Il faut ajouter que la nationalité catalane d'origine ne sera pas exclusive de la nationalité espagnole, donc il ne sera pas demandé de renonciation à la nationalité espagnole. En réalité le droit international l'entend bien ainsi, mais tous les pays ne le respectent pas, comme la Serbie et la Croatie qui signèrent un accord interdisant la double nationalité et demandaient aux anciens Yougoslaves ayant accès aux deux (par leur origine "ethnique" dans le cas de la Croatie et par leur lieu de naissance ou résidence dans le cas de la Serbie) d'en choisir une seule. Et il ne s'agit là que des conditions de reconnaissance de la nationalité catalane d'origine, qui est donc limitée aux Espagnols puisque jusqu'à présent tous les Catalans sont Espagnols. Cela n'empêche pas qu'une loi ultérieure précise les conditions d'obtention de la nationalité catalane par quelqu'un qui ne l'ait pas d'origine, par exemple les non Espagnols nés ou résidant en Catalogne, ainsi que d'autres cas de naturalisation.

La philosophie qui sous-tend la politique de nationalité catalane est à l'opposé du nationalisme, ou du *jus sanguinis*, au contraire par exemple de la politique italienne qui reconnaît comme Italien toute personne ayant eu au moins un grand-parent italien, comme le savent tous les Argentins, États-Uniens et Canadiens nés comme leurs parents en Amérique mais dont un grand-parent était immigré[15].

C'est par contre une philosophie franchement patriotique, où exploiter la terre (au sens large, industrie et services compris), donc maintenir le pays peuplé, compte plus que préserver les gènes. Or ce qui caractérise le peuple catalan aujourd'hui, c'est essentiellement qu'il vit en Catalogne et qu'il parle catalan. Car sur le plan individuel il n'y a pas de grosse différence bien apparente entre un Catalan et un Espagnol. Entre les deux il n'y a ni distinction de race comme en Afrique du Sud ou de couleur d'yeux comme en Algérie, ni de religion comme en Bosnie et Herzégovine, ni de statut social comme en Inde, ni de richesse comme aux États-Unis d'Amérique, ni même d'idéologie politique comme en France : rien ne les distingue à première vue. Au fond, la principale différence est que l'un appartient au peuple qui vit en Catalogne et parle catalan, et l'autre non. Mais une langue peut s'apprendre, et un lieu de vie peut se choisir. Peu importe qui était Catalan non catalanophone avant l'ère (ouverte en 1975) de la mobilité professionnelle généralisée, la population actuellement résidant dans le pays sera catalanisée par l'école primaire et l'ambiance culturelle. Une bonne partie des catalanophones d'aujourd'hui avaient des parents qui parlaient espagnol à la maison, et des grands-parents qui ne parlaient pas catalan (bien qu'ils le comprissent). Ce qui compte c'est la terre catalane, terre de passage et d'immigration comme tous les pays riches dont hier l'industrie et aujourd'hui les services ont besoin de

---

[15] L'Italie est le premier (voire le seul) pays européen à avoir pris conscience dès la fin des années soixante-dix de la baisse critique de la natalité, et à avoir conçu une politique d'immigration visant à maintenir la démographie sans nuire à l'identité du pays.

main-d'œuvre. Il n'est pas sûr qu'une famille d'origine catalane installée à Madrid depuis trois générations soit encore vraiment catalane. Il est vraisemblable qu'une famille d'origine madrilène dont une ou deux générations d'enfants ont été scolarisés depuis l'école primaire dans le système éducatif catalanophone soit culturellement catalane.

On l'a évoqué précédemment, les peuples qui sont plus attachés à leur terre qu'à leurs gènes sont volontiers plus accueillants. La Catalogne ne se renferme pas sur le nationalisme, elle ouvre son patriotisme.

De l'autonomisme au séparatisme

Après sa réunification à l'Espagne unitaire par les armes franquistes en 1939, on n'a plus trop entendu parler de la Catalogne, si ce n'est en termes culturels puis économiques.

Par contre au pays basque, si on a beaucoup entendu parler à l'étranger des attentats terroristes, on sait moins, car ça émeut moins la presse, que des centaines de militaires ont été assassinés ces dernières décennies, dans un but de provocation visant à déclencher un déploiement militaire dans la province permettant de déclarer la guerre civile sur le mode nord-irlandais. Il n'y a rien eu de tel en Catalogne. En France on est habitué à voir en première page des encagoulés de noir en Kalachnikov, ou en dernière page des encagoulés de blanc en ceinture d'explosifs, et on feint difficilement la surprise quand des centaines d'activistes séparatistes défilent en treillis militaire devant la presse qu'ils ont convoquée nuitamment. La Corse c'est comme ça, les Canaques c'est ainsi, les Basques ne changeront pas, les Bretons sont incorrigibles et les Maures s'y sont mis, le Parisien s'y habitue et modifie lorsque nécessaire ses réservations de vacances.

Mais on n'associe ni la Catalogne ni Barcelone au terrorisme ou aux risques de guerre civile. Les Bruxellois, les Parisiens et les Madrilènes qui vont se baigner sur la Costa Daurada ou la Costa Brava n'y ont jamais ressenti la lourde oppression d'un joug impérialiste espagnol. Leurs parents qui, dans les années soixante-dix avant l'ouverture des hypermarchés, lisaient la devanture des boutiques et suivaient les panneaux indicateurs, ne se doutaient pas que les questions en espagnol y seraient bientôt aussi incongrues que celles en anglais au Québec. Avec l'expansion économique accélérée des années quatre-vingt on aurait pu pronostiquer à cette région carrefour, ouverte et au solde migratoire largement positif un avenir de type rhônalpin ou francilien, à savoir la perte de toute culture ou particularité dans une soupe de chiffres sans visage et d'hommes sans racines. Il n'en fut rien, c'était la Catalogne et elle allait connaître "*l'éveil de l'âme repliée*", pour reprendre l'expression du psychanalyste Radovan Karadžić. Au moment où tout a lâché, où les repères se sont volatilisés, où toute autorité a disparu, après le défoulement initial les jeunes ont cherché des repères, comme un peu plus tard dans les pays sortis du communisme. L'État espagnol a commis l'erreur, d'un point de vue unitaire nationaliste, de laisser revenir la langue catalane à l'école primaire. Or, comme l'écrivait le grand poète Frédéric Mistral, "*qui a sa langue détient la clef*", d'une libération peut-être mais de sa culture avant tout. De là est venue la conscience de l'identité d'un peuple, et donc la revendication de sa reconnaissance, finalement consacrée par la Charte européenne des langues régionales ou minoritaires qui en instituant des obligations étatiques envers les locuteurs de ces langues implique des droits collectifs pour ces derniers.

Depuis l'effondrement du cadre moral espagnol déjà deux générations (celle de l'actuel président catalan et celle de ses enfants) ont pu fumer leur cannabis sans rassasier le besoin de transgression d'un interdit que ressent tout adolescent, dans une ambiance libertine qui faisait rêver et accourir les plus extrémistes anarchistes hollandais. Mais ce n'est pas tout, comme pour la guerre civile algérienne des années quatre-vingt-dix il y a eu une conjonction de facteurs, ou plutôt une convergence de vecteurs dont peut-être aucun n'aurait seul mené à la rupture.

Là comme ailleurs personne n'aime payer des impôts, et les régions les plus riches se fatiguent de la solidarité à sens unique, une tendance centrifuge qui a été déterminante en Yougoslavie et qui prend de la force en Italie. Le déséquilibre fiscal mentionné plus haut (dit aussi spoliation fiscale), et son maintien autoritaire en dépit des complaintes, n'arrange pas les relations. Cette lassitude de devoir sans cesse payer pour maintenir les régions plus pauvres à flot se transforme en sentiment d'injustice en période de crise financière (ou d'éclatement de bulle immobilière) et de sanctions économiques, lorsque la région dont l'économie est saine et en croissance doit se soumettre par la faute des régions déficitaires à une politique d'austérité comme le gel des salaires, la réduction de la protection sociale ou le contrôle des importations, voire à des sanctions économiques comme l'élévation du coût du crédit ou la confiscation dite *bail-in* des comptes bancaires, pas encore effectuée en Espagne mais déjà autorisée par l'Union européenne. Que l'un des quatre moteurs économiques de l'Europe soit associé, dans la presse ou dans les négociations que les hommes d'affaires mènent avec des partenaires étrangers, au plus gros pays soumis à un plan de redressement dans la zone euro, dans l'Union et en Europe, engendre une frustration qui au bout d'un certain temps peut déboucher sur la révolte. Les Catalans voulaient une plus grande autonomie, notamment fiscale, et une répartition plus juste du produit de leur économie avec le reste du pays. Jusqu'en 2010 l'électorat était autonomiste à une majorité écrasante, le parti indépendantiste plafonnant généralement à 15% de l'électorat.

Un nouveau statut d'autonomie, élaboré puis voté par le parlement catalan en septembre 2005, fut d'abord corrigé en négociation avec le gouvernement espagnol, sur demande du parlement national qui finit par voter la version corrigée (moins d'autonomie), après quoi il fut soumis par referendum aux Catalans, qui l'approuvèrent à 74% des votes exprimés le 18 juin 2006. Nonobstant, quatre ans plus tard, par son arrêt 31/2010 du 28 juin 2010, le Tribunal constitutionnel espagnol censura une bonne partie des articles de ce statut, à commencer par la définition d'une "nation" catalane et la préférence administrative accordée à la langue catalane parmi les deux langues officielles, et il réduisit fortement les compétences du gouvernement catalan en matière judiciaire et fiscale[16]. Les Catalans comprirent que l'Espagne n'est pas une fédération où les provinces négocient les compétences qu'elles souhaitent mettre en commun et déléguer à l'État central, mais un État-nation unitaire qui a toute autorité pour décider des compétences qu'il souhaite déléguer ou décentraliser aux provinces. En protestation une manifestation fut convoquée pour le 11 juillet pour montrer l'unité de la nation catalane, et rassembla la plus grande foule jamais vue à Barcelone. Les partis politiques catalans allaient se quereller, cependant la population venait de basculer en faveur de l'indépendance.

L'État espagnol n'a pas proposé d'alternative. Au moment où l'on écrit ces lignes, en juin 2017, alors qu'on commence à voir les détails et la solidité du dispositif élaboré, comme annoncé, par le gouvernement catalan constitué en janvier 2016[17] avec pour mandat de conduire à l'indépendance en dix-huit mois, le gouvernement central se contente de faire condamner à deux ans d'inéligibilité le

---

[16] Le Tribunal constitutionnel habituellement très prolixe expédia là l'un de ses arrêts les plus secs, accordant en moyenne une page aux arguments d'anticonstitutionnalité de chacun des 199 articles rejetés ou amendés.

[17] Les élections du 27 septembre 2015 ont été remportées par Junts pel Sí (ensemble pour le oui), coalition du PDECat de centre-droit et de l'ERC ou gauche républicaine catalane.

président précédent pour avoir organisé la consultation populaire interdite du 9 novembre 2014. Que les municipalités de Catalogne appellent ouvertement, sur leurs sites internet, à exercer cette année la "souveraineté impositive" en payant à un fonds séquestre catalan spécial, moyennant reçu et décharge, les impôts dus au gouvernement central, ne semble pas entraîner de réaction à Madrid. Alors qu'en Catalogne, des voix soudain inquiètes des conséquences possibles de l'accélération (ou plutôt de l'arrivée à terme) du processus s'interrogent sur une formule de fédération, de confédération ou d'indépendance-association, le seul sujet qu'évoquent les politiciens espagnols dans leurs discussions de cabinet et leurs négociations de parti est le referendum : son caractère illégal, les modalités pour tenter de l'interdire, et les sanctions envers ceux qui arriveraient à l'organiser malgré tout.

La machine sécessionniste et constituante catalane a mis du temps, avec la lourdeur d'un appareil politique, à mettre en branle un train qui en prenant peu à peu de la vitesse a acquis une énergie cinétique gigantesque. Ce n'est pas un roquet surexcité, c'est un éléphant qui s'élance. Les fonctionnaires administrent les affaires courantes mais les politiciens, qu'ils soient au gouvernement ou dans l'opposition parlementaire, dédient toute leur activité à cette question. Les unionistes espagnols qui ont inventé l'expression de "sécessionnisme professionnel" ont raison puisque la préparation et la conduite de la sécession est effectivement la mission essentielle qui a été confiée au gouvernement actuel.

Le referendum sur l'indépendance appelé pour le 9 novembre 2014 ayant été interdit par le Tribunal constitutionnel espagnol[18], le gouvernement catalan n'osa pas le convoquer lui-même et il fut remplacé par une consultation populaire organisée par les associations indépendantistes. Il montra une victoire écrasante du souverainisme, mais sur un très faible taux de participation puisque l'électorat avait compris que le résultat n'emporterait aucune conséquence concrète. Aussi deux mois plus tard le président d'alors (Artur Mas) convoqua des élections parlementaires pour le 27 septembre 2015, en précisant que ce scrutin devrait trancher la question de l'indépendance et la plébisciter. Avec une majorité absolue par quelques sièges seulement et sans majorité arithmétique des suffrages exprimés, ce ne fut en fait ni un plébiscite ni un choix tranché et il fallut trois mois pour que les deux partis indépendantistes s'accordent pour désigner un président et former un gouvernement. Le président catalan adoubé par le gouvernement espagnol a bien juré fidélité à la constitution et au roi, mais il n'a pas caché depuis le premier jour qu'il travaillerait essentiellement à sa mission de conduire la Catalogne à l'indépendance en dix-huit mois, ce qui sous d'autres régimes ou dans d'autres pays serait une conjuration caractérisée conduisant immédiatement à la prison dans l'attente d'un jugement.

Devant cet emballement politique la population reste attentiste. Une majorité de Catalans ne veulent plus de l'État unitaire espagnol, mais comme dans tous les pays riches et en paix peu de consommateurs repus prendraient le risque personnel d'une confrontation pour obtenir la souveraineté. Par ailleurs une bonne partie de la population

---

[18] En fait l'arrêt définitif n° 138/2015 établissant l'anticonstitutionnalité de cette consultation fut rendu le 11 juin 2015, soit sept mois plus tard, bien que l'article 161 de la constitution ne lui donne que cinq mois pour confirmer ou lever les suspensions conservatoires.

n'est pas catalane. Néanmoins, les résultats de quelques sondages récents, *a priori* surprenants, peuvent aider à anticiper les réactions.

Un sondage de décembre 2016 opposait presque à égalité 44,9% de sondés en faveur de l'indépendance et 45,1% contre. Un sondage de la mi-mars 2017, publié le 30, montre que 48% des sondés ne souhaite pas que la Catalogne soit indépendante, contre 43% qui le souhaitent (en diminution donc par rapport à décembre) et le reste d'indécis. Mais 73,6% souhaitent que la question soit tranchée par referendum (22,7% s'y opposent), en l'occurrence 23,3% seulement si l'Espagne accorde le referendum et 50,3% même s'il doit être conduit sans l'autorisation espagnole, c'est-à-dire en désobéissance ouverte. Et si effectivement le referendum était conduit en dépit de l'interdiction espagnole, 43,3% y voteraient pour l'indépendance et 22,2% voteraient contre, tandis que 20,7% s'abstiendrait (ne souhaitant cautionner la désobéissance) et le reste voterait blanc ou est encore indécis.

Puis un mois plus tard un sondage publié le 17 avril, portant plus sur les modalités que sur les intentions de vote, montre que 75% des sondés estiment qu'un referendum est nécessaire, mais que désormais 66% (en nette hausse par rapport au dernier sondage du même institut) souhaitent qu'il soit conduit avec l'autorisation espagnole et seulement 29% (en nette baisse) souhaitent qu'il ait lieu même sans autorisation nationale. Enfin, un sondage effectué fin juin et diffusé le 2 juillet augure désormais de 54% de participation, et d'une victoire de l'indépendantisme par 53% des votes exprimés. Par contre seulement 12% des sondés croient qu'une victoire du oui conduirait à l'indépendance, en progrès certes par rapport aux 5% du même sondage en avril.

La conclusion est que la nécessité du referendum ne fait aucun doute en Catalogne, mais que l'issue d'un referendum accordé par l'Espagne est aujourd'hui incertaine tandis que l'issue d'un referendum refusé par l'Espagne serait la victoire large et indiscutable de l'option indépendantiste. Cela devrait encourager le gouvernement espagnol à accorder le referendum puis à lancer une campagne anti-indépendantiste, et encourager au contraire le gouvernement catalan à obtenir un refus espagnol puis à conduire le referendum dans la désobéissance.

En d'autres termes, la population de Catalogne considère qu'un referendum s'impose tout en étant encore partagée (à égalité) sur la question de l'indépendance, mais si le referendum est refusé par l'Espagne cela convaincra un tiers des unionistes qu'il n'y a plus d'autre option que l'indépendance, qui sera alors gagnée dans un rapport de deux contre un. Ce qui est plus préoccupant en termes politologiques, bien qu'impertinent pour la démocratie, c'est que d'après le sondage publié le 2 juillet et en ôtant aussi les agnostiques, 75% des Catalans voteront pour ou contre l'indépendance en croyant qu'elle n'est pas concrètement en jeu, et que quel que soit le résultat du referendum l'indépendance n'arrivera pas.

Quelques cas récents

En ce qui concerne l'Écosse, qui a récemment fait la une des journaux, aucune autorité politique informée n'a réellement pris au sérieux la prétention séparatiste du gouvernement écossais. Précédemment, le referendum raté sur la création d'un parlement écossais, en 1979, n'avait mobilisé que les deux-tiers de l'électorat et s'était soldé par un match nul ou presque (ni le oui ni le non ne réunissant le quorum), et sa réédition en 1997 avait, cette fois, tout juste permis de fonder en 1998 ce parlement et le premier gouvernement écossais (d'autonomie relative) depuis 1707. Ce pays constitutif du Royaume-Uni depuis quatre siècles *de facto* et depuis trois siècles *de jure* n'a pas de gros griefs communautaires permanents mais seulement des différends politiques circonstanciels. Sa culture est totalement anglaise puisque 99% des Écossais ne comprennent pas le gaélique, et même les soi-disant séparatistes reconnaissent qu'il n'y a jamais eu d'oppression nationale. Par contre les Écossais sont volontiers marxistes, votent traditionnellement à gauche, ont un penchant antimilitariste et surtout antiatlantiste, et sont, comme d'autres Européens d'ailleurs, insatisfaits de la politique capitaliste et dérégulatrice du gouvernement britannique. L'idée du referendum de septembre 2014 est venue au gouvernement régional, créé à peine quinze ans plus tôt, comme un moyen de contestation politique, et son résultat (55% contre l'indépendance) était pratiquement assuré d'avance, raison pour laquelle le gouvernement britannique a autorisé sa tenue, tout en soutenant la campagne d'intimidation selon laquelle l'indépendance de l'Écosse signifierait sa sortie de l'Union européenne, que les Écossais ne souhaitaient et ne souhaitent pas.

En ce qui concerne la Belgique la question est plus brûlante, et plusieurs générations de Belges sont entrés dans chaque nouvelle décennie en pensant fermement qu'ils la termineraient avec une autre citoyenneté. Les anciennes provinces françaises et espagnoles aux confins des aires culturelles francophone et germanophone[19], habituées comme d'autres à changer auparavant de souveraineté sans modifier leurs us et coutumes, avaient, après le démantèlement des Provinces-Unies, constitué les Pays-Bas, mais après le déferlement des troupes et des idées de la révolution française au début du XIX° siècle les provinces méridionales catholiques des deux langues s'en séparèrent pour fonder un État-nation sur la base du critère d'identification majeur de l'époque, la religion. Puis au fur et à mesure de l'effacement de l'élément religieux devant l'élément linguistique comme principal facteur d'identification, l'union perdit sa pertinence. L'affirmation de la francophonie de la famille royale (en réalité bilingue comme presque tous les lettrés du pays) conduit l'administration à franciser les colonies belges d'Afrique, ce qui ne pouvait que conduire la communauté néerlandophone à se sentir en minorité politique sinon numérique, et les disparités économiques d'abord dans un sens puis dans l'autre radicalisèrent les sentiments communautaires.

La royauté belge, même jeune, a pourvu le lien humain au-dessus des communautés et la continuité institutionnelle par-delà l'instabilité politique (la chronique absence de gouvernement par incapacité des politiciens à s'entendre), ce qui a retardé jusqu'à présent l'inévitable.

---

[19] Les linguistes considèrent l'idiome hollandais appelé néerlandais, afrikaans ou flamand selon les régions comme un dialecte (ou groupe de dialectes parfaitement intercompréhensibles) bas-allemand.

Mais dès l'élaboration, au sujet de l'ex-Yougoslavie, de la nouvelle doctrine européenne de démembrement étatique par l'érection en frontières des anciennes limites administratives internes, de savants et calculés regroupements et échanges de circonscriptions entre les principales entités politiques ont commencé à prendre forme, tant pour renforcer la cohérence linguistique de ces entités que pour permettre ou empêcher la formation d'un corridor entre l'enclave francophone de Bruxelles et la Wallonie, à travers la Flandre néerlandophone. Ce souci de l'établissement d'une continuité territoriale permettant à Bruxelles de rester francophone, ou de l'empêchement de cette continuité assurant ainsi la chute de Bruxelles dans l'escarcelle flamande, montre clairement que beaucoup n'écartaient pas la possibilité d'une dimension militaire au conflit de séparation, qui a semblé inéluctable à des générations de polémologues. L'irruption et la montée en puissance d'une nouvelle communauté, acquise à une idéologie hostile et violente et se réclamant d'une culture ni latine ni germanique, répartie dans les villes de l'ensemble de la Belgique (mais aussi des Pays-Bas) a relativisé la question des rancœurs entre les vieilles communautés des Flandres historiques, et c'est maintenant un tout autre conflit, plus civil que militaire (donc plus cruel) à défaut de territoires délimités, qui commence à s'imposer, *volens nolens*, dans l'esprit des habitants indigènes et allogènes de ces provinces.

Le cas soviétique de l'auto-dissolution de l'État fédéral après la constatation de son impuissance à éviter les guerres intestines (entre les républiques soviétiques d'Azerbaïdjan et d'Arménie), les sécessions unilatérales (provinces baltes puis pays majeurs comme la Russie et l'Ukraine) et les coups d'État (août 1991) est un exemple rare de sagesse politique. Il en est de même de l'acceptation *de facto*, par la Yougoslavie en 1991, de la sécession unilatérale, conduite anticonstitutionnellement alors qu'un mode constitutionnel existait, de la Slovénie et de la Croatie, difficilement opposable certes dans le cas de la Slovénie mais dont il était cependant évident qu'elle allait conduire à un conflit interne dans le cas de la Croatie[20].

Évidemment le cas le mieux réussi qui vient à l'esprit est la séparation bilatéralement négociée entre les partis politiques de Bohême-Moravie et de Slovaquie, contre l'intérêt de cette dernière (mais à la demande de ses politiciens) puisque dans ce cas exceptionnel c'était la province la plus pauvre qui demandait à se séparer de la plus riche. Le "divorce de velours" fut très bien géré sur le plan pratique par une administration pour partie libérale et pour partie issue de la fonction publique du régime totalitaire communiste, embrigadée cependant dans des partis qui n'ont pas jugé nécessaire de faire intervenir dans leurs décisions l'autodétermination des peuples concernés en dépit d'une pétition de deux millions de citoyens (sur quinze) demandant comme le président Vaclav Havel un referendum puisque 75% des Tchécoslovaques, assez également répartis, étaient contre la partition, ce que les sondages avaient indiqué aux partis politiques séparatistes.

Un cas moins connu en Europe est l'indépendance forcée par l'abandon d'un territoire, soit soudainement par le départ un beau matin de tous les fonctionnaires de l'État central, comme en Afrique et Océanie portugaises après le coup d'État militaire à Lisbonne en 1974, soit avec quelques années de préavis voire préparation comme en Afrique française après le coup d'État gaulliste à Paris en 1958.

---

[20] Il faut dire qu'alors le président de la Yougoslavie, Stjepan Mesić, était un Croate, qui deviendrait d'ailleurs quelques années plus tard le deuxième président de la Croatie indépendante.

Enfin il y a aussi l'indépendance imposée par la force. Ainsi le Parti Social-Nationaliste d'Ukraine, fondé en 1991 et renommé Svoboda ("liberté", plus fréquentable en Europe occidentale) en 2003, puis mis à l'index par le Parlement européen le 13 décembre 2012 pour son idéologie "*raciste, antisémite et xénophobe*" s'empara du pouvoir à Kiev un an plus tard, par le coup d'État du 22 février 2014, abrogea immédiatement le texte constitutif de l'Ukraine, puis somma les autres régions de se rallier au nouveau régime en cours d'installation au centre-nord de l'ex-Ukraine. Quand les populations de Novorussie (sud-est) loyales à la constitution refusèrent de reconnaître ce nouveau pouvoir non élu issu du coup d'État, il annonça l'envoi de l'armée ex-ukrainienne, qui déserta en masse, puis déstocka l'ancien armement lourd soviétique (missiles balistiques SS-21 inclus) pour le confier à une "garde nationale" constituée de conscrits et réservistes malorusses et galiciens tout juste mobilisés et encadrés par les milices d'obédience national-socialiste. Lancée le 15 avril pour expulser la population civile hostile du sud-est (les dizaines de civils ex-ukrainiens qu'elle massacra à Kramatorsk le jour même furent qualifiés de combattants étrangers), cette "*armée de Bandera*" comme la désigna la junte franchit le Dniepr le 25 et commença le siège de la ville de Slaviansk, forçant la population à prendre acte de la sécession et de l'entrée en guerre de la partie occidentale de l'ex-Ukraine.

Un million et demi d'expulsés plus tard (plus gros déplacement forcé de population depuis la deuxième guerre mondiale) moins les pertes des pogroms comme à Odessa, les populations loyalistes du sud-est se mobilisaient en bataillons, bricolaient les vieux chars T-34 commémoratifs qui rouillaient sans moteur devant les bâtiments publics, et prenaient d'assaut les dépôts d'armement ex-soviétique situés dans leurs régions… et le 11 mai ils prenaient acte par referendum de l'indépendance (en fait la guerre interétatique) que leur avaient imposée les régions ayant fait sécession en abrogeant le texte constitutif de l'Ukraine puis en coupant tous les services et tous les liens (électricité, routes, retraites etc.). Cependant, à ce jour cet État indépendant *de facto* (peuplé de quatre millions d'habitants) ne cherche pas de reconnaissance internationale.

Mais d'une manière générale, l'indépendance est volontaire, et autoproclamée en brèche de l'indivisibilité d'un État antérieur plus grand. Pendant neuf ans les États-Unis d'Amérique ont essayé d'obtenir qu'une instance internationale proclame et reconnaisse l'indépendance de la province de Kossovo et Métochie arrachée par l'Alliance Atlantique à la Serbie en 1999. C'était évidemment impossible puisque le fondement même du droit international est la souveraineté suprême des États, toute organisation internationale n'étant qu'une association entre pairs sans autorité supérieure sur ses membres. Les États-Unis finirent donc par apprendre un peu de droit international et pousser le gouvernorat provincial d'occupation, auquel ils avaient promis l'indépendance, à la déclarer lui-même, ce qui est effectivement la voie coutumière d'accession à la souveraineté.

REALPOLITIK

Espagne hors sujet

Ce n'est peut-être que feinte, mais le gouvernement espagnol semble perdu. Refusant d'entrer dans une discussion politique, il s'en tient à une posture légale mais surtout judiciaire.

Sur le plan philosophique, le régime espagnol actuel adhère à la démocratie, une doctrine dont le nom signifie gouvernement par le peuple mais dont les nombreuses ambiguïtés commencent déjà avec la définition du peuple (ou des peuples) et continuent avec la définition de gouvernement et surtout de ses modalités, sachant qu'une opposition apparaît dès qu'il y a deux personnes, une majorité apparaît dès qu'il y en a trois et la zizanie ou la paralysie de décision n'attend pas la centaine de co-gouvernants. Cela amène rapidement la question de la délégation du pouvoir de gouverner, et de la représentation de la majorité souveraine auprès de la minorité gouvernant. Concrètement en ce qui concerne l'Espagne il y a de toute évidence un conflit entre la légalité juridique et la légitimité démocratique puisque le Tribunal constitutionnel a rejeté le 28 juin 2010 le statut de la Catalogne approuvé par le parlement national espagnol le 10 mai 2006 (et entré en vigueur le 9 août).

Il est vrai que la doctrine juridique du Tribunal constitutionnel espagnol n'est pas toujours elle-même irréprochablement à l'épreuve d'une confrontation avec les principes généraux du droit généralement admis dans les États du même nom, comme l'illustre sa note 85/2016 du 20 octobre 2016 cassant une loi catalane de 2010 (la 28/2010 déjà citée) au motif d'incompatibilité avec deux lois espagnoles encore inexistantes à l'époque (les lois 18/2013 et 10/2015), mais elle semble être le recours ultime du gouvernement actuel.

Par contre sur le plan constitutionnel il n'y a aucun doute, l'article 2 de la constitution affirme effectivement l'unité indissoluble de la nation espagnole, patrie commune et indivisible de tous les Espagnols. L'Espagne est bien un État unitaire, pas une fédération comme l'Allemagne et l'Italie ou une confédération comme la Suisse et l'Argentine. La suite logique s'en trouve à l'article 92 selon lequel les décisions politiques de haute importance peuvent (pas doivent) être soumises à referendum consultatif (pas contraignant) de tous les citoyens (pas ceux d'une seule région), convoqué par le roi. C'est confirmé par l'article 149 qui attribue à l'État central la compétence exclusive d'autoriser un referendum. Quant à modifier la constitution, d'après les articles 87 et 167 le parlement d'une région autonome (ou une initiative populaire réunissant un demi-million de signatures) peut présenter au parlement espagnol un projet en ce sens, qui doit pour être adopté obtenir une majorité des trois-cinquièmes dans chacune des deux chambres, ou des deux-tiers des deux chambres ensemble à condition d'avoir au moins la majorité au sénat.

Or évidemment les députés de Catalogne, même en s'alliant ceux des autres communautés autonomes, n'obtiendront jamais une telle majorité du corps politique espagnol pour abroger l'article affirmant l'unité indissoluble, commune et indivisible de l'Espagne, ce qui serait de toute façon annulé par le Tribunal constitutionnel pour un motif juridiquement fondé ou pas, mais qui, au-delà de toute considération juridique, serait une atteinte à l'État dont la constitution n'est qu'une expression et au pays dont l'État n'est qu'une institution de gouvernement... on quitte là le champ du droit pour entrer dans celui de la philosophie politique. En tout cas l'avis d'anticonstitutionnalité émis le 3 mars 2017 par le Conseil de garanties statutaires de Catalogne (institution consultative en matière constitutionnelle) n'a pas altéré la détermination de l'exécutif catalan à remplir son engagement parlementaire et le mandat donné par les citoyens, selon ses termes. En vérité très peu de pays et de constitutions admettent la possibilité d'une sécession, et personne, en Espagne ou ailleurs, n'est dupe de l'issue du cul-de-sac des dix ou vingt ans de procédure que le premier ministre espagnol a suggéré au gouvernement catalan d'entamer.

Sur le plan politique le gouvernement pourrait vraisemblablement s'il le souhaitait surmonter l'obstacle constitutionnel, par exemple en empêchant le Tribunal constitutionnel de dicter l'anticonstitutionnalité du referendum, ou en recourant à la jurisprudence établie par l'avis consultatif 2010/25 de la Cour internationale de justice le 22 juillet 2010, ou enfin en adoptant à son niveau une attitude similaire. Il suffirait en l'occurrence de distinguer strictement l'acte immédiat de l'intention ultime, en notant que n'étant qu'une consultation au résultat non contraignant le referendum n'implique pas nécessairement de décision politique de haute importance et que ne sondant que les sentiments des Catalans il ne concerne pas tous les Espagnols, en conséquence de quoi sa convocation ne contreviendrait pas à l'article 92 de la constitution. Mais il est certain qu'accorder la tenue du referendum serait d'une part le voir se répéter tous les cinq ans jusqu'à ce que l'option indépendantiste devienne majoritaire ou marginale, et d'autre part le voir copier dans d'autres communautés autonomes.

Sur le plan partisan le gouvernement espagnol a commencé à mettre les partis politiques de Catalogne face au choix explicite entre le referendum et la légalité. Pour ces partis politiques et leurs chefs, surtout ceux qui ne sont pas inconditionnels de l'unité espagnole voire qui appartiennent à la coalition indépendantiste, participer à l'organisation du referendum signifie entrer dans l'illégalité espagnole, avec quelques risques légaux et politiques en cas de non-sécession. Mais refuser leur soutien à la Généralité pour l'organisation du referendum souhaité par 75 ou 80% de l'électorat catalan (indépendantistes comme unionistes) les classerait immédiatement comme opposés à l'exercice de la démocratie directe, brisant leur image même en cas de continuité espagnole, or en Espagne comme ailleurs les partis politiques ont déjà mangé leur pain blanc.

Il n'y a en Catalogne plus d'autre débat que l'indépendance, et le parti qui tenterait d'éviter cette question en parlant d'économie, de marché de l'emploi, de globalisation ou, pire, de lutte des classes, serait vite marginalisé par un électorat qui veut absolument qu'on traite cette question. C'est d'ailleurs ce qui risque d'arriver aux branches catalanes des grands partis nationaux qui en sont restés à une dialectique droite-gauche, en l'occurrence le parti populaire (droite) qui dit être contre la tenue du referendum parce que c'est illégal et le parti socialiste (gauche) qui dit être contre la tenue du referendum s'il est interdit. Mais c'est aussi le risque que semble courir la coalition des "communs" et des "nous pouvons" de la nouvelle gauche au pouvoir à Barcelone, véritable force politique représentant un quart de l'électorat de la province et réussissant encore à deux mois du referendum, au moyen d'hésitations et de contradictions, à éviter de dévoiler ses intentions ou de donner des consignes de vote.

Le gouvernement espagnol a cependant trouvé un levier pour agir sur les partis, par le biais des syndicats. En effet il a commencé le 5 juin à avertir les fonctionnaires en poste en Catalogne, qu'ils appartiennent à des corps nationaux ou à la fonction publique catalane forte de 200000 fonctionnaires, des conséquences légales et pénales d'une éventuelle désobéissance à la constitution ou aux interdictions prononcées par la justice espagnole, et de la possibilité statutaire et légale de demander une confirmation écrite de tout ordre qui semblerait illégal. Cette information n'est qu'une réponse au grand programme d'information et débats lancé par le gouvernement catalan pour assurer les fonctionnaires qu'on ne leur demandera rien d'illégal et faire remonter de la base les doutes et questions concrètes à éclaircir. Quelques jours plus tôt le gouvernement catalan avait illustré cela en confiant l'étude des réponses à l'appel d'offres pour la fourniture d'urnes non pas aux employés des services de marchés publics comme d'habitude mais à des responsables élus ou nommés non fonctionnaires. En tout cas l'hésitation entre le discours de normalité et le discours de situation d'exception tenus par le gouvernement national a permis au syndicat principal de la police nationale de demander une indemnité de travail en milieu hostile pour les policiers affectés en Catalogne[21].

Sur le plan de la communication, jusqu'à la fin mai le premier ministre espagnol a essayé d'éviter de répondre à toute question concernant l'indivisibilité de l'Espagne ou l'indépendance de la Catalogne. Son seul souci apparent était le referendum, et seulement parce que le gouvernement catalan l'a interpellé à ce sujet. Qu'un

---

[21] La police catalane, les *mossos d'esquadra*, assure la police urbaine, la police anti-émeutes et divers services de secours, mais la police nationale est présente dans les ports et aéroports et traite les affaires de criminalité organisée et trafics de drogue.

gouvernement catalan ait été constitué sur un programme ouvertement indépendantiste (et même avec un mandat et un calendrier précis) par la majorité indépendantiste élue au parlement catalan ne semblait pas particulièrement gêner le gouvernement espagnol jusqu'à présent, ou du moins il ne souhaitait pas le montrer. En comparaison, en France aujourd'hui, et même avant l'état d'urgence, on peut être (ou ne pas être selon les cas) révoqué de charges publiques pour délit d'expression d'opinions ou condamné à plusieurs années de prison ferme pour délit d'outrage à magistrat, comme l'ont montré des cas récents.

Finalement saisi d'une demande de discussion sur les conditions d'organisation d'un referendum, présentée par écrit le 24 mai 2017 par le président de la Généralité au nom du parlement catalan qui l'en avait chargé par une résolution du 18 mai[22], le premier ministre espagnol a répondu le 25 que la constitution espagnole ne le permet pas et que ceux qui le souhaitent doivent donc demander au sein du parlement espagnol, par l'intermédiaire de membres de celui-ci évidemment, l'ouverture d'un processus de modification de la constitution espagnole de 1978. C'était sauf erreur la première fois qu'il exprimait une position, qui a été interprétée par la Généralité comme un refus de discussion, et rapporté à la Commission européenne pour la Démocratie par le Droit (dite Commission de Venise) du Conseil de l'Europe.

Peut-être dans un souci de ne pas dramatiser (qui ressemble à une négation du drame déjà en cours), et en net

---

[22] Initialement le gouvernement catalan avait prévu de présenter aussi la résolution de son parlement devant le sénat espagnol, chambre de représentation territoriale du parlement, mais le secrétariat du sénat le lui a interdit.

contraste avec certains membres du gouvernement comme par exemple les ministres de la Défense et de l'Économie, le premier ministre semble s'en remettre à la justice pour dissuader de commettre des faits répréhensibles, et se mettre en position de prétendre la surprise lorsque les faits seront commis, en août et septembre.

Pour mémoire, en 2014 le gouvernement n'était pas intervenu, laissant faire le pouvoir judiciaire espagnol, évidemment pas très indépendant de l'exécutif (comme l'a déjà remarqué le Conseil de l'Europe). En 2014 c'est la justice espagnole qui avait d'abord dicté l'anticonstitutionnalité de la tenue d'un referendum, puis plus tard condamné quelques dirigeants catalans pour désobéissance, en l'occurrence avoir facilité la consultation populaire conduite par les organisations indépendantistes après que le gouvernement catalan ait décidé que ce ne serait pas un referendum officiel. Par contre le ministère public fut débouté de ses procès pour malversation, les frais pour l'organisation de la consultation ayant été dépensés avant l'interdiction par le Tribunal constitutionnel (le 4 novembre). L'absence de délit de détournement ne dissuade cependant pas la Cour des comptes d'ouvrir, le 19 juillet 2017, une désespérée mais harcélatoire procédure en remboursement de fonds, pour plus de cinq millions d'euros, contre l'ancien président et trois ministres. Et le 21 juillet 2017, le gouvernement espagnol vient d'annoncer que désormais les autorités et les fonctionnaires du Trésor catalan devront certifier chaque semaine que la comptabilité ne contient aucune dépense liée au referendum, faute de quoi les trésoriers-payeurs espagnols cesseront immédiatement les transferts depuis le fonds de liquidité autonome… ce qui occasionnerait certainement des retards de recouvrement pour les fournisseurs de la Généralité, mais pousserait aussi certainement celle-ci à rétablir le plus tôt possible sa souveraineté fiscale.

Quant au procès pour désobéissance, les minutes des procès du Tribunal supérieur de justice de Catalogne disent que le procureur avait requis dix ans d'inéligibilité et que c'est le juge qui n'a pas suivi (par souci d'apaisement et de bonne presse internationale) cependant il est difficile de savoir si le verdict n'a pas été décidé au plus haut niveau. Quoi qu'il en soit, hormis les amendes pour désobéissance, les organisateurs du referendum ont simplement été condamnés à deux ans d'inéligibilité. Cela signifie qu'on a voulu ôter toute importance à une affaire qui, dans d'autres pays européens, aurait été qualifié d'atteinte à l'indivisibilité de l'État, d'appel à la sédition ou de haute trahison. Les verdicts infligeant ces peines pour l'organisation de la consultation du 9 novembre 2014 ont été rendus le 13 mars 2017, soit deux ans et quatre mois après les faits reprochés (et au moment où les successeurs des intéressés vont ouvertement encore plus loin).

Au moins ne pourra-t-on pas reprocher à la justice espagnole d'être expéditive, si début 2020 (au moment où l'Espagne tentera d'améliorer ses relations diplomatiques et financières avec la Catalogne) elle condamne à l'inéligibilité sur le territoire espagnol les auteurs de la déclaration d'indépendance de la Catalogne proclamée en septembre ou octobre 2017.

Au-delà de l'alibi constitution, de la réponse judiciaire et de la prétendue cécité du premier ministre Mariano Rajoy qui semble vouloir feindre la surprise en septembre, le silence le plus assourdissant est celui du "*chef de l'État, symbole de son unité et de sa permanence,* [qui] *arbitre et modère le fonctionnement régulier des institutions*" (article 56 de la constitution), en l'occurrence le roi Felipe VI.

France obligée

Il se dit que l'un des derniers conseils passés oralement par le président descendant François Hollande au président montant Emmanuel Macron était de ne surtout pas considérer la Catalogne autrement que comme une région, afin de ne pas réveiller le Roussillon.

Or cette posture sera très vite intenable. Le président de la République française lui-même est co-président de la principauté d'Andorre, qui au moment où la Catalogne prendra le contrôle de ses frontières cessera d'avoir la moindre frontière avec l'Espagne. Pour la France, l'un des premiers casse-têtes administratifs ne se posera pas sur les principaux 200 kilomètres qui feront de la frontière franco-catalane, par sa longueur, la sixième frontière terrestre française sur neuf en Europe (derrière celle avec l'Espagne et devant celle avec le Luxembourg) et la septième sur douze en tout.

L'une des premières complications se posera au sujet de l'enclave catalane de Llívia en France, dont les habitants empruntent régulièrement la route "neutre" à travers le territoire français. En effet l'Espagne insistera sur le fait que la Catalogne après sécession n'appartiendra immédiatement ni à l'Espace Schengen (en ce qui concerne les personnes) ni à l'Union européenne (en ce qui concerne les marchandises). Même si la préfecture des Pyrénées-Orientales omet d'attirer l'attention de l'État sur la nécessité de rétablir des postes-frontières en dépit de la concurrence des produits agricoles catalans dénoncée par les agriculteurs roussillonnais, à la première expiration de la carte d'identité espagnole d'un Catalan il faudra accepter la carte d'identité ou le passeport émis par la Catalogne, sauf à enfermer les habitants de l'enclave dans un ghetto hermétique de 13 km².

Mais pour la coordination aérienne avec le sixième aéroport européen en termes de trafic, indispensable pour éviter un accident, c'est le jour même de la coupure des communications (et du lien de subordination) avec les autorités aériennes madrilènes que les coordinateurs français pré-alertés devront commencer la coopération avec leurs homologues catalans qui sont déjà en train, comme tous les fonctionnaires, de préparer les modalités de la relève pour une nuit dont ils ignorent encore la date mais qui, d'après la loi de transition, pourra arriver sans préavis[23]. Ces métiers-là ne souffrent pas l'improvisation, les chefs politiques n'ont pas le droit de les soumettre à une prétendue surprise aux conséquences potentiellement dramatiques. Le répertoire téléphonique de Barcelone sera très sollicité en septembre s'il ne saute pas par surcharge de requêtes. Ceci n'est qu'un exemple trivial pour rappeler qu'il ne s'agira pas de l'autoproclamation sans conséquences d'un ancien département soviétique à quelques milliers de kilomètres du pré carré hexagonal.

L'événement qui s'approche est sans précédent dans un passé récent, mais heureusement il est anticipable. La France est sur le point d'avoir un nouveau voisin, frontalier terrestre qui plus est. Qu'on le veuille ou non, elle aura immédiatement des relations, bonnes ou mauvaises, préparées ou improvisées, avec ce nouvel État. Elle va même devoir, comme elle l'avait fait pour l'Ukraine après la dissolution de l'URSS, former rapidement des

---

[23] Il ne sera pas aussi facile pour l'OTAN d'imposer la présence d'officiers de liaison catalans au Centre d'opérations aériennes qui contrôle depuis Torrejón (Madrid) l'espace aérien sud-européen.

diplomates, officiers, chargés d'affaires et traitants de renseignement à la seizième langue la plus parlée dans l'Union européenne à vingt-huit, et pour la même raison qu'elle l'avait fait pour l'Ukraine où tout le monde parlait russe, par considération diplomatique. Pour la Catalogne l'enjeu est même primordial vu qu'hormis Andorre insignifiante et l'Espagne ennemie le seul voisin immédiat sera la France, aussi la communication internationale de la Généralité ne cache pas que son effort diplomatique principal sera en direction de la France, en parallèle bien sûr avec les institutions européennes. Cela signifie que les services protocolaires français devront déjà avoir reçu les instructions pour le jour inévitable où ils recevront un appel de Barcelone demandant une date pour la première visite officielle du président de la Catalogne à l'étranger. Car la France ne devra pas froisser au premier contact un partenaire inévitable, puisqu'imposé au moins par la géographie, même si elle arrive à différer l'officialisation des relations interétatiques. Cela requerra des décisions politiques au plus haut niveau et des actions ministérielles qu'il faudra avoir préparées, et en premier lieu par la collecte et l'exploitation du renseignement stratégique.

En dépit de la dispersion et de l'épuisement de ses moyens militaires sur des théâtres lointains où elle entend affirmer son intérêt désargenté pour les affaires du monde, la France doit avoir préparé les modalités opératives et tactiques d'un déploiement militaire d'interposition. On espère bien sûr ne pas devoir y recourir, mais si la situation l'exige ce sera dans l'urgence, contre la volonté de l'Espagne, et en préalable à toute ouverture des longues et laborieuses discussions à Bruxelles et à New York sur l'établissement d'un dispositif multinational durable. Il ne s'agira pas d'imposition de la paix entre deux combattants, ce qui nécessiterait leur accord ou une force très supérieure, mais d'interposition humanitaire préventive, qui restera pacifique car l'armée espagnole pourrait essayer de prendre les forces françaises de vitesse mais elle ne les attaquera pas une fois déployées. Ce qu'on a laissé faire en avril 2014 en ex-Ukraine, devenu irréversible après Kramatorsk, ne doit pas être permis à quelques dizaines de kilomètres de la frontière française. La France ne peut laisser commettre ni un Slaviansk à Tarragone ni un Guernica à Lérida. Peu importe ce qui se passe à Barcelone et Saint-Clément Sescebes au cœur et dans la profondeur de la Catalogne, mais au moindre mouvement des unités espagnoles en direction des limites territoriales de la Catalogne il faudra immédiatement, à titre conservatoire, sécuriser la Senia face au sud et la Noguera Ribagorçana face à l'ouest, ce qui implique la projection aéroportée d'un bataillon (ou groupe tactique) mixte antichar et génie dans un cas, et d'un régiment d'infanterie renforcé dans l'autre.

Sur le plan diplomatique il faudra avoir décidé à l'avance du moment et des conditions de la reconnaissance de l'indépendance de la Catalogne, sans répéter les erreurs du passé qui, compte tenu de la proximité, deviendraient vite des fautes. Le moment semble facile à déterminer : le plus tôt possible, mais pas en premier, pour ménager l'Espagne qui, même faillie, restera un voisin. On laissera peut-être passer les reconnaissances insignifiantes, impulsive de la part du Vénézuéla et désespérée de la part de l'Abkhazie, mais la France devra agir dans les tous premiers, et en tout cas la première au sein de l'Union européenne, donc dès qu'un pays assis et sérieux, où qu'il soit, l'aura fait. Les conditions sont une autre question : il faudra en poser pour le principe, mais de toute façon on ne pourra pas éviter de reconnaître l'indépendance ; heureusement le gouvernement catalan a l'intention de respecter ces conditions, avant même qu'elles lui soient posées. Il y a dans l'émancipation de ce voisin (événement rare à l'échelle historique) une opportunité immense pour la France, non seulement évidemment de se faire un ami, mais également et surtout de restaurer brillamment sa diplomatie, comme une petite rétrospective le met aisément en évidence.

Ainsi dès le début de 1991 l'Allemagne a manifesté, avec urgence et insistance, son souhait de reconnaître l'indépendance de la Croatie, et donc aussi de la Slovénie. La question fit l'objet de sérieuses discussions bilatérales (entre la France et l'Allemagne et entre la France et l'URSS) et de non moins sérieuses études diplomatiques entre les douze membres de la Communauté économique européenne, jusqu'aux conseils européens des chefs d'État et de gouvernement, et aux conseils des ministres des affaires étrangères. Toutes les réunions, notamment au sein des Douze, se terminaient par un accord unanime sur la prudence à respecter et les conditions à poser aux deux provinces yougoslaves sécessionnistes, et étaient suivies par un appel privé du chancelier allemand au président français expliquant qu'en dépit de l'accord obtenu à douze, l'Allemagne allait être obligée etc. L'alibi était de politique intérieure au prétexte d'irresponsabilité internationale, mais on a vite vu ensuite les intentions bien réfléchies de l'Allemagne (et leurs conséquences) et, au-delà de la reconstitution de la carte d'Europe du début des années quarante, l'assertion d'une diplomatie dominatrice et remodélatrice, comme l'a montré l'annulation unilatérale de l'accord de maintien de la parité des quatre grands au sein des institutions communautaires pour prix de l'assentiment à la réunification et à la pleine souveraineté.

Poussées par l'Allemagne et le Vatican, la Slovénie et la Croatie ont déclaré leur indépendance le 25 juin 1991, et le Conseil européen du 29 s'est entendu unanimement sur la nécessité d'obtenir d'abord des garanties pour les minorités, l'intangibilité des frontières et le respect des traités, puis de prononcer de concert une reconnaissance préparée. Le sommet de Maastricht des 9 au 11 décembre confirma cet accord des Douze, et la reconnaissance coordonnée et simultanée de l'indépendance de la Slovénie et de la Croatie devait même devenir le premier acte majeur et fondateur de la Politique étrangère et de sécurité commune, pilier du traité instituant l'Union européenne (et aussi l'Union économique et monétaire) négocié à Maastricht. Puis l'Allemagne reconnut les deux nouveaux pays unilatéralement le 23 décembre, sans autre forme de procès qu'un coup de téléphone du chancelier Helmut Kohl au président François Mitterrand quelques jours plus tôt, obligeant ainsi les onze autres membres à prononcer leur reconnaissance de manière précipitée le 18 janvier 1992, avortant la Politique étrangère et de sécurité commune à peine conçue mais renonçant surtout à leurs lignes directrices de la reconnaissance de nouveaux États en Europe orientale et en Union soviétique.

Ci-jointe en annexe, une déclaration commune du 16 décembre 1991 annonçait, en substance, que les États membres de la Communauté économique européenne, attachés au principe d'autodétermination, voulaient reconnaître les nouveaux États démocratiques et pacifiques qui respecteraient les droits de l'homme, les droits des minorités, l'inviolabilité des limites territoriales, les traités de désarmement et le règlement négocié des successions étatiques (pour l'essentiel), et ajoutait que l'engagement en faveur de ces principes ouvrait la voie à la reconnaissance et à l'établissement de relations diplomatiques.

Évidemment le gouvernement catalan, qui a annoncé ses intentions de conserver l'acquis communautaire et qui se posera en État co-successeur de l'Espagne, reprendra à son niveau toutes les obligations que celle-ci avait souscrites, comme la Convention européenne des droits de l'homme. Les programmes qu'il affiche, par exemple en matière de droits des Espagnols en Catalogne, sont clairs et irréprochables, et de toute façon c'est un acteur civilisé qui montre tous les jours son respect des conventions au sens large.

En posant l'engagement à respecter ces principes comme unique condition préalable à sa reconnaissance de la souveraineté de la Catalogne (comme ce devait être le cas pour les pays de l'est) la France serait fondée à procéder, souverainement, à cette reconnaissance. Et surtout, en ressuscitant ce code de la reconnaissance de nouveaux États, elle refermerait la malheureuse parenthèse de son aval de la loi du plus fort au sujet du Kossovo et de la Métochie, rétablirait sa liberté d'appréciation face aux récentes et prochaines sécessions, et reprendrait magistralement l'initiative en matière diplomatique, dans le sens pacificateur et civilisateur qui caractérisait autrefois sa voix dans le monde.

La France ne peut pas se laisser surprendre en septembre comme le reste du monde. La coopération interétatique avec tous ses voisins immédiats est indispensable, et c'est le principe de réalisme qui doit dicter sa diplomatie. Premier pas peut-être, pour le 14 juillet 2017 le gouvernement français a pour la première fois invité Martí Anglada, représentant de la Catalogne en France, à assister ès fonctions au défilé militaire de la fête nationale française, commémoration de la fête de la fédération de 1790.

Communauté internationale divisée

L'utilisation de ce titre, par commodité de langage, ne préjuge pas de l'existence d'une véritable communauté internationale au sens d'entente des États, ni même simplement d'acceptation de règles communes pour régir leurs relations et interactions. Nonobstant on peut tenter de deviner, sans certitude évidemment donc sans en faire un critère de décision, la réaction d'un certain nombre de pays, concernés ou non, à la déclaration d'indépendance de la Catalogne. On posera pour hypothèse que cette déclaration d'indépendance sera, comme dans la quasi-totalité des cas, unilatérale.

Au sein (ou à la marge ?) de l'Union européenne, la première grande puissance à reconnaître l'indépendance de la Catalogne, hormis la France déjà étudiée, sera vraisemblablement le Royaume-Uni. Comme on l'a vu les prétentions indépendantistes écossaises ne sont pas assez sérieuses pour inquiéter la Grande-Bretagne, de plus en Irlande du Nord la contestation s'est éteinte avec la bipolarité du monde, et si d'aventure elle reprenait, un referendum serait une bonne manière pour le gouvernement anglais, qui ne pourrait pas s'offrir un autre conflit, de se retirer tout en renforçant son image. Au-delà de son inimitié traditionnelle avec l'Espagne, le Royaume-Uni verra d'un bon œil le renforcement de la voie référendaire pour trancher les questions de possession. Il a eu récemment recours au referendum (après une génération de propagande et de subventions) pour justifier sa possession des îles Malouines, à tort certes puisque le droit international n'admet pas l'autodétermination d'une population installée après extermination ou déportation de la population antérieure, ce qui l'exclut dans le cas des Malouines dont la population franco-argentine avait été déportée en décembre 1832, quelques semaines avant la prise de possession britannique. Et il aurait certainement recours de nouveau au referendum, sur la péninsule ibérique précisément, si la question de Gibraltar, récemment réveillée par l'expiration du bail de Hong-Kong, prenait une dimension internationale.

Au contraire l'Italie refusera fermement, initialement, de reconnaître l'indépendance de la Catalogne, non par crainte de la naissance d'un irrédentisme catalan à Alguer mais au regard des velléités sécessionnistes des anciens duchés et républiques du nord de la péninsule italienne, de Gênes à Venise en passant par la Lombardie et le Piémont. Elle ne procèdera à la reconnaissance que lorsqu'elle y sera obligée au sein de l'Union européenne.

L'Allemagne, traditionnel suppôt actif de tous les sécessionnismes susceptibles d'affaiblir d'autres puissances européennes, en surprendra plus d'un en changeant soudain de posture. En effet l'invasion asiatique appelée par la chancelière Angela Merkel le 24 août 2015, qui a provoqué l'afflux d'un million et demi d'illégaux en quatre mois essentiellement à travers la Bavière, a déstabilisé celle-ci à tel point qu'elle s'est vue contrainte de reprendre sa souveraineté pour rétablir sa frontière avec l'Autriche, ce que l'État fédéral allemand n'a évité de justesse que par la duperie et le déploiement de forces dans la nuit du 12 au 13 septembre 2015[24]. En quelques semaines la politique fédérale a réussi à faire passer

---

[24] Cette opération a été révélée par Stratediplo en janvier 2016 ("*la huitième plaie*") puis confirmée par Robin Alexander en mars 2017 ("*Die Getriebenen : Merkel und die Flüchtlingspolitik*").

l'indépendantisme de la position d'idée marginale à celle de courant très largement majoritaire parmi les Bavarois, aussi l'Allemagne se déclarera, brusquement, totalement opposée à l'autodétermination et à l'autoproclamation de souveraineté.

Les pays européens de second ordre, et on classera la Pologne dans cette catégorie en dépit de sa taille, verront d'un bon œil le renforcement de la catégorie des poids moyens dans l'Union européenne. Ils comprendront plus tard que le gouvernement catalan annonce des politiques tout à fait dans l'orthodoxie de la Commission européenne (que ce soit sincèrement ou pour faciliter son acceptation), notamment en matière de russophobie et d'islamophilie, mais au départ les pays moyens de l'Union européenne seront favorables à la reconnaissance puis à l'admission de la Catalogne, à l'exception initialement peut-être (mais non durable) du Portugal tenu de ménager son seul voisin immédiat, l'Espagne.

Toujours en Europe mais hors Union européenne, la Russie a relevé le flambeau de la légalité internationale abandonné par la France dans les années quatre-vingt-dix. Elle n'a pas reconnu l'indépendance que des peuples autrefois russes ont proclamée après avoir été victimes d'agressions consécutivement à l'éclatement de l'URSS, même lorsqu'ils ont réussi à établir leur autonomie *de facto* comme dans le cas de la petite Transnistrie ou de la minuscule Ossétie du Sud. Cette dernière n'a été reconnue qu'après la tentative d'extermination de sa population en 2008, interrompue par l'intervention russe qui, victorieuse, a bien pris soin de ne pas aller jusqu'à Tbilissi afin de ne pas déstabiliser le gouvernement géorgien. Quant aux territoires d'ex-Ukraine, contre la population desquels la junte issue du coup d'État de Kiev de 2014 a commis des crimes contre l'humanité massifs pour expulser déjà 1,6 millions d'habitants en quelques mois (d'après un communiqué du Haut-commissariat de l'ONU aux réfugiés du 6 février 2015), la Russie n'a pas voulu les reconnaître. Ces territoires quotidiennement bombardés, où il doit bien rester de l'ordre de cinq ou six millions d'habitants, ont été forcés à l'autonomie puisqu'ils sont hermétiquement assiégés, ont construit des institutions, à commencer bien sûr par des forces armées mais sans négliger l'éducation et le reste, ont des institutions stables et des constitutions démocratiques (tant la république de Donetsk que celle de Lougansk), néanmoins même après leurs referenda d'autodétermination la Russie n'a pas reconnu leur souveraineté. Elle ne reconnaîtra donc certainement pas non plus la souveraineté de la Catalogne tant qu'elle n'est pas totalement incontestable, c'est-à-dire reconnue par l'Espagne.

Hors Europe, la Chine continentale ne reconnaîtra pas un territoire sécessionniste comme Formose, mais sans entrer en polémique puisque cela ne concerne pas l'Asie du sud-est. Si cette question intra-européenne est évoquée au Conseil de sécurité de l'ONU, elle s'abstiendra comme d'habitude.

Les impulsions immédiates des divers centres de pouvoir aux États-Unis d'Amérique sont plus imprévisibles, mais on peut avancer quelques hypothèses. Le pouvoir politique exécutif actuel souhaitera vraisemblablement s'opposer à l'atteinte à l'indivisibilité d'un État souverain, du moins en Europe et s'agissant d'un allié, tandis que le législatif devrait au contraire se réjouir de la partition d'un pays européen. Le pouvoir militaire sera satisfait de l'émergence d'un futur membre de l'OTAN, qui clame fort sa russophobie pour y être admis[25] et devra

---

[25] Pour l'accès à la cinquième promotion du programme de master professionnel en diplomatie et action extérieure, conçu pour former et

équiper rapidement, à partir de zéro, des forces armées petites mais de haute technologie (le discours est constant depuis 2015), ce qui fera un allié de plus pour les opérations de l'OTAN et un client possible pour le premier producteur d'armement qui le traitera comme tel. Le pouvoir financier, pour sa part, se réjouira pour le dollar d'une nouvelle débilité de l'euro, provoquée par l'explosion instantanée des ratios d'endettement de l'Espagne puis entretenue par les agences états-uniennes de dénonciation d'insolvabilité. Le maintien à tout prix de l'illusion dollar, seule garantie de leur *free lunch*, étant le seul objectif stratégique existentiel pour les États-Unis, ils devraient être parmi les premiers à reconnaître l'indépendance de la Catalogne.

Le reste du monde suivra à des rythmes variables. À terme évidemment, lorsque l'Espagne ayant constaté l'irréversibilité de la séparation (dans trois mois ou dans dix ans) entamera des négociations bilatérales avec la Catalogne sur le partage de sa dette, la reconnaissance de cette dernière sera à peu près universelle, plus en tout cas que celle de l'État le plus peuplé du monde quand il avait le même âge.

---

perfectionner les diplomates catalans et parrainé par la Généralité, il est proposé un cas pratique consistant à se mettre dans la peau d'un conseiller diplomatique qui vient d'apprendre le 30 août 2017 que la Russie envahira la Biélorussie dans les trois prochains jours, et il est demandé de rédiger en anglais un rapport présentant à la chancelière allemande les actions qui peuvent être entreprises pour interrompre cette agression.

Union européenne acquise

Le chantage à la non-appartenance à l'Union européenne semble être le seul argument qu'ait trouvé le gouvernement espagnol pour tenter de convaincre les Catalans de désavouer les politiciens qu'ils ont élus pour les conduire à l'indépendance. Or la Catalogne n'a aucun désir de quitter l'Union européenne, et ne la quittera pas. Et on aurait du mal à trouver le moindre mécanisme uniopéen qui cesserait de fonctionner au motif que l'Espagne se serait plainte à la Commission européenne que telle région ne lui reverse plus la TVA, ou instaure des contrôles de personnes et de marchandises pires que ceux installés par l'armée d'occupation turque au milieu de Chypre et que la Commission n'a jamais condamnés. Ainsi, en l'absence de possibilité (et d'intention) d'exclure une région de l'Union européenne pour désobéissance envers son État d'appartenance, la Catalogne continuera d'appartenir *de facto* et *de jure* à l'Union.

Parmi les nombreux cas de figure que ne prévoient pas les traités uniopéens bancals, il y a celui de la partition d'un État membre en deux ou plus. En l'état actuel des choses le gouvernement espagnol peut donc espérer que cela imposerait à la Catalogne, mais pas à l'Espagne, de devoir présenter une candidature comme nouveau membre. Il devrait pour ce faire commencer par déclarer (donc reconnaître) au Conseil européen des chefs d'État et de gouvernement la sécession de la Catalogne. Si la supposition de l'Espagne concernant la réaction européenne à ce cas inédit est correcte, la Catalogne (mais peut-être aussi l'Espagne) cesserait *de jure* d'appartenir à l'Union. Rien ne permet cependant de supposer qu'elle ne continuerait pas *de facto* à en faire partie jusqu'à son inévitable admission formelle, mais on peut jouer le jeu d'étudier la question.

Pour sa part l'Union européenne garde soigneusement le silence sur la crise de l'unité espagnole. Le 6 juin 2017 encore, le premier vice-président de la Commission européenne Frans Timmermans, tout en entendant que le point de non-retour semblait bien dépassé, a prétexté que l'attention de la Commission était trop accaparée par le *Brexit* pour s'ingérer dans les affaires des gouvernements espagnol et catalan. Il y a à Bruxelles depuis plusieurs années un mot d'ordre interdisant de discuter de la Catalogne[26]. Mais on peut aussi percevoir un certain agacement de la Commission face aux déformations manipulatrices de ses décisions et réponses par l'Espagne, qui au-delà d'une traduction espagnole fallacieuse des documents originaux en anglais a pu aller le 21 septembre 2015 jusqu'à l'ajout à un texte neutre d'un paragraphe entier condamnant l'hypothétique déclaration unilatérale d'indépendance de la Catalogne, nécessitant des rectifications écrites formelles de la part du président Jean-Claude Juncker lui-même le 25 novembre et le 18 décembre 2015. Cependant, la Commission avait su reconnaître le Kossovo et Métochie comme candidat potentiel, sauf erreur, dès le 18 février 2008, lendemain même de sa sécession de la Serbie.

L'Union européenne n'exige pas que ses membres adhèrent à l'ONU. Les formalités d'adhésion d'un nouveau membre respectant les valeurs de l'article 2 du Traité sur l'Union européenne consistent en deux processus

---

[26] Ce tabou concernant les provinces d'actuels pays membres est absolu, et il est plus facile d'obtenir une réponse sur les cas de la Suisse, de la Moldavie ou même de Kossovo et Métochie.

parallèles, d'une part l'étude technique d'éligibilité, conduite par la Commission européenne, et d'autre part la négociation politique, au sein du Conseil des chefs d'État et de gouvernement. Avant la signature du traité d'adhésion le Parlement européen doit aussi l'agréer à la majorité, ce qu'on peut considérer comme une simple formalité sans écueil.

L'étude d'éligibilité consiste en un audit exhaustif dans trente-cinq domaines, visant à déterminer si le candidat remplit les critères dans tous ces domaines, et se termine par un rapport que la Commission présente au Conseil, avec son avis (et le cas échéant des propositions transitoires d'adaptation). En l'occurrence aucun commissaire n'a le moindre doute, la Catalogne, au sein de l'Espagne, a fait partie de l'Union européenne depuis plus de trente ans, et si elle quitte l'Espagne par exemple le 31 décembre 2017 elle remplira toujours tous les critères le 1er janvier 2018, même s'il faut quelques mois aux fonctionnaires uniopéens pour rédiger leurs rapports d'audit. Dans certains domaines économiques il faudra isoler la composante catalane des chiffres espagnols, une tâche à laquelle travaillent déjà les économistes catalans, ainsi que certains fonctionnaires de l'Union européenne… car si la Catalogne a un bureau de représentation officiel à Bruxelles et déjà plus de députés (sous les couleurs espagnoles) dans l'hémicycle de Strasbourg que les six pays les plus petits de l'Union, elle a aussi des fonctionnaires européens, pour l'instant sous casquette espagnole.

La Catalogne remplit évidemment tous les critères, d'ailleurs pour la plupart d'entre eux son score isolé est meilleur que celui de l'Espagne. Et sur le plan légal (codes civil, commercial, du travail…), souvent long à adapter chez les candidats qui doivent intégrer à leur corpus juridique le fameux "acquis communautaire", la Catalogne gardera dans un premier temps la panoplie espagnole hormis en matière fiscale. Le dossier que présenterait la Commission pour étayer son avis favorable serait donc impeccable, sans le moindre besoin de délais d'adaptation ou de mesures d'accompagnement, et présenterait un cas encore plus idéal et facile que celui de l'Autriche. Nonobstant, comme à chaque nouvel élargissement il a fallu adopter de nouvelles règles, la réadmission en tant qu'État membre plein (souverain) d'une entité qui était déjà membre en tant que constituant d'un État membre, étant un tout nouveau cas de figure, a de fortes chances d'être drastiquement simplifiée et écourtée[27]. Les juristes uniopéens commencent discrètement à étudier le processus de ce qu'ils appellent désormais un "élargissement interne".

Il paraît donc bien plus vraisemblable que l'on adoptera une formule automatique sans interruption de la qualité de membre, inverse de celle adoptée pour l'Allemagne fédérale (un cas pourtant bien plus compliqué au niveau de la satisfaction des critères sans compter ses implications politiques) le 3 octobre 1990. Ainsi le 31 décembre de l'année N la grande Espagne est membre, et le 1er janvier de l'année N+1 la Catalogne et la nouvelle Espagne réduite sont membres. Cette formule présentera l'avantage de maintenir le *statu quo* en matière d'équilibres financiers d'ensemble au sein de la zone euro, alors qu'une sortie même temporaire de la Catalogne ferait ressortir l'aggravation soudaine des chiffres espagnols (à commencer par la dette qui bondirait à 125% du PIB mais aussi le déficit budgétaire, le chômage, le PIB par habitant...) sans contre-partie, ce qui prêterait de plus le

---

[27] Il y aura peut-être d'autres cas ensuite, puis aisés sur le plan politique mais plus difficiles sur les plan économique et de l'acquis législatif communautaire, du côté de l'île de Grande-Bretagne.

flanc à une attaque des pouvoirs financiers suppôts du dollar contre l'euro.

Car sinon l'autre processus, celui de la négociation politique, nécessite l'unanimité d'abord pour accorder le statut officiel de candidat, puis pour prononcer l'admission. C'est là que, si on autorisait l'Espagne à déclarer unilatéralement la sécession de la Catalogne sans pour cela reconsidérer l'appartenance à l'Union de cette nouvelle Espagne auto-déclarée restante (au format réduit et à l'économie soudain très mal en point), celle-ci pourrait émettre un blocage, de la même manière que la France s'était initialement opposée à l'admission du Royaume-Uni, puis que l'Italie s'était opposée à l'admission de la Slovénie le temps de l'annexer *de facto* par l'établissement d'une économie de sous-traitance presque captive, enfin qu'à son tour la Slovénie s'opposa à l'admission de la Croatie tant que celle-ci ne capitulait pas sur leur conflit territorial… ces oppositions d'un seul membre, même aussi important que la France ou l'Italie, n'ont pas pu résister longtemps à l'insistance des autres membres. Mais comme la position de l'Espagne est loin d'être des plus puissante au sein de l'Union, elle peut s'attendre à un marché selon lequel soit elle accepte que les deux États résultant de la partition seront automatiquement et immédiatement admis, soit il leur faudra à tous les deux passer par une demande d'admission. Or la position de l'Espagne résiduelle serait, sur pratiquement tous les critères économiques, plus inconfortable et moins assurée que celle de la Catalogne.

Sur le plan politique, si elle tentait de déclarer la sécession de la Catalogne tout en prétendant que l'Espagne-mère n'a pas changé mais en refusant de discuter les aspects pratiques de la partition (partage de la dette notamment), l'Espagne pourrait faire l'objet d'une procédure disciplinaire selon l'article 7 du Traité sur l'Union européenne en cas de risque de violation grave des valeurs communes. Surtout, elle courrait le risque de voir simplement appliquer à son égard les conclusions de la "commission Badinter" de 1991, dont le caractère jurisprudentiel a largement été établi. Cette commission, non contente d'avoir constaté la sécession de la Slovénie et de la Croatie et préconisé leur reconnaissance selon le principe *uti possidetis* (en reconnaissant leurs anciennes limites administratives comme frontières internationales), avait également déclaré la Yougoslavie en dissolution, en désintégration et en démembrement, déclarant aux quatre autres provinces yougoslaves que la Communauté européenne considérait désormais la constitution yougoslave comme caduque et ne traiterait plus qu'avec chaque république individuellement[28].

S'il n'y avait pas unanimité des autres membres pour réadmettre immédiatement les deux États résultant de la scission de l'Espagne, la Commission européenne pourrait, à titre de transition, conclure un accord de coopération ou d'association, comme elle l'a fait par exemple avec Andorre, Monaco, Saint-Marin et le Vatican, ce qui est de sa compétence sans nécessité de passer par le Conseil. Certains de ces accords avec des pays non membres permettent même de frapper des pièces en euro.

Car ce que la propagande espagnole tente de cacher aux Catalans c'est que plusieurs pays non membres de l'eurozone n'ont pas de monnaie nationale et utilisent officiellement l'euro, que rien n'obligerait les banques catalanes à convertir les avoirs des Catalans en une autre monnaie ou à renvoyer leurs euros à la Banque centrale

---

[28] Il n'est pas dit que cette nouvelle serait mal accueillie au Pays Basque… mais aussi au Maroc, qui offrirait tout de suite sa protection à Ceuta et Melilla.

européenne (comme le savent les Suisses, les Uruguayens et autres qui ont des comptes en euros dans leurs pays), que de toute façon la Catalogne, contrairement à l'Espagne, remplit haut la main tous les critères de stabilité de l'eurozone, mais que si au lieu d'y déposer sa jeune souveraineté elle trouvait un moyen un moyen de garder une banque centrale indépendante[29] elle pourrait, parallèlement à son utilisation de l'euro, créer une monnaie électronique, comme plusieurs autres pays l'envisagent, dont la valeur s'envolerait très rapidement au-dessus de sa valeur arithmétique d'introduction compte tenu des fondations et des perspectives économiques du pays.

Mais si l'Union européenne décidait de laisser sortir la Catalogne elle devrait alors rapidement lui donner des gages, au risque de la voir sinon se tourner vers l'Association européenne de libre-échange, plus souple et moins dictatoriale, à laquelle d'ailleurs le Royaume-Uni retournera certainement dès sa sortie de l'Union. Alors que celle-ci fait tout, après avoir peu à peu convaincu (outre le Royaume-Uni) le Danemark, la Norvège, le Portugal, l'Autriche, la Suède et la Finlande, pour réduire la résistance de l'enclave suisse (et accessoirement du Liechtenstein satellite) et entretenir le désir de la Serbie, la défection du Royaume-Uni est loin d'être anecdotique. L'irritation grandit face à l'intromission de la Commission dans tous les domaines, plus uniquement la politique agricole qui aujourd'hui favorise la Roumanie et la Bulgarie aux dépens des producteurs occidentaux (comme la

---

[29] En réalité selon le traité de Maastricht l'entrée dans la monnaie unique est obligatoire pour tout membre de l'Union dès qu'il en remplit les conditions (à l'exception du Royaume-Uni qui avait exigé une dérogation formelle pour signer), et le retrait est interdit sauf sortie de l'Union.

Catalogne) mais surtout les politiques non économiques comme l'installation forcée d'immigrés illégaux, l'inculcation scolaire des pratiques sexuelles non-reproductives que la nature réprouve, et la déclaration de guerre à la Russie (entre autres).

À terme d'autres pays, ouverts au libre-échange voire à l'harmonisation réglementaire mais dont la population se sent de plus en plus violentée par cette intervention croissante de l'Union européenne, seront tentés de suivre l'exemple du Royaume-Uni, en particulier l'Autriche, la Hongrie, la Tchéquie et la Slovaquie. Les plus grands de ces pays hormis le Royaume-Uni sont du même ordre de taille que la Catalogne, qui de par son poids économique y tiendrait certainement la troisième place, juste après la Suisse. Or l'AELE, au-delà de ses accords de libre-échange déjà en vigueur avec des pays plus lointains, est surtout en train de négocier avec la Russie, qui dispose de l'économie européenne la plus dynamique et parmi les plus ouvertes et d'un marché potentiellement équivalent à l'Allemagne et la France (ou l'Allemagne et l'Italie) réunies. L'entrée de la Russie dans le marché commun de l'AELE changera évidemment la donne en Europe et ôtera le peu d'attractivité qui reste à l'Union européenne, laquelle devrait donc récupérer la Catalogne rapidement si elle la laissait sortir.

En ce qui le concerne et sur un plan très concret le gouvernement espagnol pourrait se soumettre par inadvertance à de très fortes pressions, tant de la part des autres pays membres que de la Commission, et même de certains pouvoirs espagnols. En effet si la Catalogne avait absolument besoin de sa reconnaissance par l'Espagne, il lui suffirait d'établir un contrôle douanier à sa frontière occidentale, en prenant pour prétexte justement le fait que l'Espagne prétend que la Catalogne n'appartient plus à l'Union. Il n'est nul besoin d'une haute expertise en logistique ou d'une connaissance chiffrée du trafic quotidien de camions sur l'axe E15-A9 (Le Perthus) ou des capacités de l'axe alternatif AP8-A63 (Irun) pour deviner que le Portugal reconnaîtrait immédiatement la souveraineté de la Catalogne, que l'Espagne serait paralysée par une grève monstre de ses transporteurs routiers, et que les professions du transport en France, en Italie et en Allemagne exigeraient une résolution rapide de la crise espagnole.

La Catalogne, par contre, tant que la France continue de reconnaître son appartenance à l'Espagne donc à l'Union, et que ses chauffeurs peuvent présenter un passeport espagnol donc de l'espace Schengen, ne devrait aucunement pâtir de son grève du zèle sur sa façade occidentale. Il lui suffirait d'à peine cinq postes douaniers, à l'ouest sur l'A2, l'AP2 et l'A22 et au sud sur le l'E15 et la N340. Mais le plus gros atout dont dispose la Catalogne pour ses négociations avec l'Espagne est évidemment d'une part la dette de 50 milliards d'euros qu'elle a contractée (depuis 2010 surtout…) auprès du "fonds de liquidité autonome" qui prête aux régions, et d'autre part la portion de la dette souveraine de l'Espagne qu'elle se dit désireuse de prendre à sa charge (bien qu'elle en ait moins bénéficié que sa part statistique) et sur laquelle elle demande l'ouverture de négociations. Il s'agit d'atouts sérieux puisque sans accord avec la Catalogne, l'Espagne deviendrait immédiatement insolvable d'après ses ratios.

En fin de compte l'Espagne a intérêt à continuer de prétendre que la Catalogne est encore *de jure* sous sa souveraineté, maintenant ainsi les deux entités sous une seule casquette dans l'Union européenne, afin de se donner le temps de négocier un partage avec la Catalogne, puis présenter conjointement un contrat de divorce exhaustif préparant une transmission sans discontinuité d'appartenance à l'Union. De toute façon, quelle que soit finalement la forme institutionnelle qui sera retenue pour résoudre la question de l'unité espagnole lorsque l'Espagne la posera, le renseignement d'origine humaine disponible à Bruxelles permet de tenir comme information probable de source fiable, hors micro et hors présence de témoins espagnols évidemment, que la Commission européenne n'a aucune intention de laisser sortir la Catalogne.

Europe accueillante

Comme l'écrivait François-Marie Arouet dit Voltaire en 1751 "*la Catalogne, enfin, peut se passer de l'univers entier, et ses voisins ne peuvent se passer d'elle*". Toutefois, dans le cadre de l'affirmation de sa stature internationale la Catalogne a prévu d'adhérer à un certain nombre d'organisations.

Évidemment, comme tous les pays européens (même non membres de l'ONU) elle a vocation d'adhérer au Conseil de l'Europe, ce qui implique une demande d'invitation. À ce jour un seul pays ne l'a pas obtenue. L'expérience montre qu'en cas de sécession unilatérale on peut compter un an de délai à partir de la première demande, mais qu'en cas de sécession négociée cela peut être beaucoup plus rapide, comme dans le cas du Monténégro qui a tenu son referendum d'autodétermination le 21 mai 2006, déclaré son indépendance le 3 juin, déposé sa demande le 6, obtenu l'avis favorable puis été admis au Conseil de l'Europe le 21, soit un mois jour pour jour après le referendum.

Le Conseil de l'Europe pourrait selon ses textes admettre un nouveau membre sur accord de deux-tiers des ministres des Affaires étrangères, prend en fait la plupart de ses décisions à l'unanimité, peut admettre comme membre plein (pas associé ou observateur) un pays qui n'est pas un État souverain, comme ce fut le cas pour le protectorat de la Sarre, et n'est pas particulièrement regardant en matière d'application des principes qu'il prône et dont la défense est sa raison d'être, puisqu'il a admis la Croatie l'année après qu'elle ait terminé d'expulser l'un de ses peuples constitutifs, soit un demi-million de personnes, à l'époque le plus déplacement forcé de populations depuis la deuxième guerre mondiale. En l'espèce il ne ferait certainement aucune difficulté à accueillir la Catalogne, d'abord le cas échéant en tant que "partenaire" comme la Palestine, si la Catalogne devait jouir d'une souveraineté limitée, par exemple en cas de supervision par un régime international après une guerre.

On peut être tenté de percevoir des signes d'agacement envers l'Espagne, au Conseil de l'Europe, non pas pour les habituelles affaires de dénonciation de tortures carcérales classées sans suite par la justice espagnole, mais pour le refus obstiné de mettre la législation nationale en conformité avec les exigences de la Convention de sauvegarde des droits de l'homme et des libertés fondamentales. L'arrêt de la Cour européenne des droits de l'homme pris le 13 juin 2017 dans l'affaire Atutxa et consorts (requête 41427/14) a fait du bruit parce qu'il s'agissait justement d'un procès pour désobéissance, au moment où 400 procès politiques sont en cours contre des Catalans. Cependant la popularité de ce cas occulte des dizaines d'affaires similaires concernant de simples citoyens, où l'Espagne est répétitivement condamnée par la Cour européenne des droits de l'homme pour violation de l'article 6 de ladite convention (violation du droit à un procès équitable), et toujours pour le même motif[30]. Car si le Tribunal suprême espagnol s'obstine à ne pas entendre personnellement les justiciables en audience publique, motif encore de huit des condamnations prononcées contre l'Espagne en 2016, c'est parce que l'exécutif espagnol n'a aucune intention de faire modifier par le législatif le code

---

[30] Plusieurs de ces condamnations de l'Espagne pour violation du droit à un procès équitable sont maintenant des cas d'école cités en jurisprudence dans des affaires récentes contre le Royaume-Uni ou la Roumanie.

de procédure. Il ne s'agit pas de fautes circonstancielles du Tribunal suprême, mais d'un refus persistant de l'État espagnol de conformer sa législation au texte majeur du Conseil de l'Europe. Or la violation de l'article 3 du statut du Conseil de l'Europe peut entraîner les sanctions prévues à l'article 8 (suspension voire radiation).

Parmi les nombreuses agences de coopération technique, l'une des premières auxquelles participera la Catalogne est Europol (adhésion imminente, avant Interpol), compte tenu du caractère du rôle de transit que la géographie impose au pays. Mais celle qui pourra y établir son siège est l'Agence européenne du médicament, qui se déclare obligée de quitter Londres en raison du retrait du Royaume-Uni de l'Union européenne (et qui entend facturer à ce dernier les frais de relocalisation). Elle étudie plusieurs possibilités pour son nouveau siège, dont Barcelone car l'industrie catalane du médicament est l'une des plus actives en Europe. La décision devrait être prise avant la fin de l'année, et d'après une communication de la Commission européenne le 5 juillet, le referendum d'indépendance ne fait pas partie des critères de décision du futur siège, arrêtés en juin. Compte tenu des raisons de ce transfert, un choix de Barcelone, déjà deuxième favorite après Londres en 1992, montrerait que l'Union ne craint pas de perdre la Catalogne en cas d'indépendance.

Au-delà de l'Europe, le parlement de Catalogne est membre observateur de l'Assemblée parlementaire de la francophonie, devant laquelle la présidente du parlement catalan Carme Forcadell a présenté la situation de la province lors de la session du 9 au 11 juillet 2017. La Catalogne entend par ailleurs adhérer à l'Organisation internationale de la francophonie.

Comme on le notait précédemment la Catalogne a manifesté son intention de signer le traité de l'Alliance atlantique et d'entrer dans l'Organisation du traité de l'Atlantique nord, comme l'ancien président Artur Mas l'avait déjà annoncé au Financial Times le 9 septembre 2015 . Il voyait alors nécessaire de créer des structures de souveraineté, en particulier un ministère de l'Économie, une diplomatie, une banque centrale et une armée. Tout en reconnaissant que ce dernier thème était le plus délicat (il n'y avait sauf erreur pas eu de débat parlementaire avec les partis de gauche), il insistait sur le fait que cette armée devait être petite mais intégrée à l'OTAN. Cette vision, répétée plusieurs fois depuis lors, reste en vigueur dans son parti PDECat (parti démocrate européen de Catalogne, de centre-droit), qui a encore débattu de cette question en mars 2017. La perception est évidemment que la possession d'une armée est un attribut de souveraineté et donc un signe d'indépendance, même si ce parti n'envisage, par contre, pas un instant de frapper monnaie. La coordinatrice générale du parti, Marta Pascal, disait récemment qu'il ne s'agissait pas de chercher à aligner de gros bataillons mais de trouver une niche de haute technologie, par exemple la cyberguerre, dans laquelle la Catalogne puisse être pionnière, et où le secteur industriel privé aurait également un grand rôle à jouer.

Le PDECat souhaite cependant une armée capable de défendre le pays et d'assurer sa sécurité, donc pas seulement une vitrine technologique, mais pense aussi que la participation à l'OTAN donnera à la Catalogne une voix dans les affaires du monde "parmi les acteurs principaux". Son allié parlementaire la CUP est, pour sa part, depuis toujours opposé à l'idée d'une participation de la Catalogne à l'OTAN, qu'il perçoit à la fois comme une vassalisation et comme le risque d'être entraîné à participer à des agressions illégitimes. En mai 2017 un autre parti de gauche, Catalunya Sí que es Pot, a interpelé le ministre des Affaires extérieures Raül Romeva au sujet des rumeurs faisant état de discussions du gouvernement catalan avec l'OTAN (ainsi qu'avec l'OSCE), et celui-ci a répondu par écrit le 20 mai qu'aucun contact n'avait été établi avec ces deux organisations pour discuter de leurs relations avec la Catalogne. Comme on l'a noté plus haut, les membres de l'Alliance atlantique ne pourront qu'être favorables à l'intégration d'un allié de plus (qui n'ôtera aucun moyen militaire à l'Espagne), indéfectiblement ancré en Europe occidentale et qui lancera immédiatement des appels d'offres pour de l'ingénierie, de la formation et de l'équipement militaire.

Entre parenthèses on note là une confusion de plus en plus fréquente en Europe, notamment dans les petits pays, entre la nature de l'appareil militaire de l'Alliance atlantique, une coalition militaire qui depuis 1999 a clairement démontré son caractère offensif (contraire à la Charte des Nations Unies), et la nature de la pérennisation de la Conférence sur la sécurité et la coopération en Europe, qui pour apaiser les tensions réunissait depuis les négociations d'Helsinki les membres de l'Alliance atlantique, du Pacte de Varsovie, les pays neutres et non-alignés et finalement tous les pays d'Europe, mais dont l'engagement biaisé et partial depuis 2014 en ex-Ukraine a nettement détérioré l'image pacificatrice. L'OSCE se comporte comme une organisation internationale à vocation régionale, mais elle n'a pas de personnalité juridique ne s'étant jamais dotée de statuts… ce qui signifie qu'il n'y a pas d'États membres mais seulement des participants, et, sauf erreur, pas non plus de règles écrites pour la participation.

Par ailleurs, on retrouve aujourd'hui en Catalogne une situation similaire à celle de l'Espagne après le rétablissement de la royauté, lorsque le parti socialiste au pouvoir voulait sortir le pays de l'isolement et de la neutralité que lui avait imposées le dictateur Franco et devait satisfaire tant ses opposants de droite qui voulaient l'Alliance atlantique (perçue comme une garantie contre une révolution communiste similaire à celle du Portugal quelques années plus tôt) mais pas le Marché commun (perçu comme un danger pour l'économie nationale et comme une ouverture à la perversion mercantiliste des mœurs), et ses alliés de gauche qui voulaient exactement le contraire, en raison de perceptions équivalentes. Le gouvernement espagnol insista alors sur le fait qu'il n'y aurait pas l'un sans l'autre, quitte à laisser sous-entendre que les partenaires ouest-européens l'entendaient ainsi (ce qui était faux), le gouvernement français ne saisit pas l'occasion de revivifier l'UEO, et l'Espagne entra simultanément à la CEE et dans l'OTAN. Cela ne lui évita d'ailleurs ni les trois coups d'État de février 1981[31], ni, beaucoup plus grave, le relâchement rapide de ses mœurs en réaction à l'oppression sous la dictature.

La plupart des agences du système ONU n'acceptent l'adhésion que de membres de l'ONU, donc passés par l'accord de neuf membres du Conseil de sécurité dont les cinq permanents, et l'accord de deux-tiers des membres de l'Assemblée générale. Mais le Fonds monétaire international et la Banque mondiale n'exigent de leurs membres la reconnaissance ni par l'ONU ni par un nombre minimum de membres, et admirent même en leur sein, dès l'année suivant sa déclaration d'indépendance, la

---

[31] Au coup d'État du lieutenant-colonel Antonio Tejero ont succédé les deux coups d'État du roi Juan Carlos, celui par lequel il a dissous la constitution et révoqué les députés afin que les otages ne soient plus que de simples citoyens sans pouvoir législatif, puis celui par lequel il a restauré unilatéralement la constitution et nommé députés sans élection ceux révoqués la veille, deux outrepassations flagrantes de ses pouvoirs, confirmant pour les politologues qu'une royauté constitutionnelle est une aberration qui ôte au régime son atout d'un roi au-dessus de la constitution et indépendant de tout pouvoir.

"république de Kossovo" qui n'est pas un État reconnu par l'ONU.

Pour ce qui est de l'espace Schengen, tant que la Catalogne est revendiquée par l'Espagne et que les autres membres de l'espace Schengen reconnaissent la revendication espagnole, la Catalogne appartient bien à cet espace de libre circulation. Si la Catalogne était reconnue indépendante avant d'être admise au sein de l'Union européenne, elle pourrait alors adopter un régime de contrôle, comme Andorre, mais dès qu'elle sera admise au sein de l'Union elle entrera obligatoirement dans l'espace Schengen, puisque le traité d'Amsterdam a incorporé l'accord et la convention de Schengen au droit communautaire (donc à l'acquis communautaire). Dans tous les cas de figure cela ne changera rien pour les Catalans puisque la Catalogne ne leur fera pas abandonner la nationalité espagnole. En effet aux frontières extérieures de l'espace Schengen il n'est pas contrôlé le lieu de résidence mais le passeport, ainsi quels que soient sa nationalité et son pays de résidence, le porteur d'un passeport délivré par l'Espagne (même à un Espagnol résidant à Djakarta ou à Tiraspol) peut entrer dans l'espace Schengen sur simple présentation de ce passeport, et y circuler librement.

Le principe de réalisme qui régit les relations internationales invite à s'interroger sur les conséquences possibles d'un défaut d'admission rapide de la Catalogne par les organisations internationales. La Catalogne n'aurait pas alors à chercher bien loin pour trouver un siège chaud dans la plupart des organisations. Il lui suffirait de proposer une confédération à Andorre, qui y gagnerait la respectabilité économique et politique qui lui fait défaut, en plus des perspectives de développement offertes par l'appartenance à l'un des États les plus riches et dynamiques d'Europe. En échange Andorre apporterait son siège dans toutes les institutions européennes (sauf l'Union européenne) et mondiales, en déclarant la succession d'État, de la principauté d'Andorre à la fédération catalano-andorrane. Mais pour ce faire, car Andorre n'accepterait pas une simple annexion, la Catalogne devrait adopter une constitution confédérale ou au minimum fédérale, pour au moins deux entités, voire cinq en comptant les quatre "provinces" administratives de la Catalogne actuelle. Alors les Baléares n'hésiteraient pas longtemps entre une Catalogne voisine, catalanophone et fédérale et une Espagne lointaine, hispanophone et unitaire. Cela poserait vite des questions insolubles à Valence, or ce qui fut naturel et bon pour Sébastopol n'est pas facile pour Donetsk. Ainsi ce scénario, que la faillite de l'Espagne fera passer du domaine de l'imaginaire à celui du plausible, milite en faveur d'une rapide reconnaissance fixatoire (*uti possidetis*) de la Catalogne.

PROCESSUS

Droit à l'indépendance

É noncé en deuxième sur les quatre buts des Nations Unies, le "*principe de l'égalité de droits des peuples et de leur droit à disposer d'eux-mêmes*" est affirmé dès l'article premier de la Charte des Nations Unies, puis plus loin dans l'article 55. Il est depuis lors répété et réaffirmé à satiété en préambule ou référence d'un bon nombre d'instruments juridiques adoptés par les multiples institutions internationales, qu'elles relèvent du système ONU ou pas, comme par exemple le Pacte international relatif aux droits économiques, sociaux et culturels et le Pacte international relatif aux droits civils et politiques, du 16 décembre 1966, dont l'article premier (identique) commence par "*tous les peuples ont le droit de disposer d'eux-mêmes* [...] *ils déterminent librement leur statut politique*". Il en est de même de la Déclaration relative aux principes du droit international touchant les relations amicales et la coopération entre les États conformément à la Charte des Nations Unies, adoptée par l'Assemblée générale de l'ONU en 1970, et du Programme d'action de Vienne, adopté en 1993 lors de la deuxième Conférence mondiale sur les droits de l'homme, qui comme les autres instruments précités reconnaissent aux peuples le droit de disposer d'eux-mêmes et de déterminer librement leur statut politique.

La résolution 1541 de l'Assemblée générale de l'ONU, adoptée le 15 décembre 1960, mentionne trois modalités d'exercice du droit des peuples à disposer d'eux-mêmes, à savoir "*l'indépendance et souveraineté, la libre association avec un État indépendant, et l'intégration à un État indépendant*". Et la Déclaration relative aux principes du droit international touchant les relations amicales et la coopération entre les États conformément à la Charte des Nations Unies, ci-dessus mentionnée, énumère comme moyens d'exercer ce droit "*la création d'un État souverain et indépendant, la libre association ou l'intégration avec un État indépendant, ou l'acquisition de tout autre statut politique librement décidé*".

La généralisation de l'exercice de ce droit par tous les peuples se heurte toutefois à un certain nombre de difficultés.

La première difficulté réside dans le fait que la charte de l'ONU règle les relations entre sujets de droit international, c'est-à-dire entre États, ou plus exactement entre États membres de l'ONU puisque la souveraineté des États étant suprême et absolue aucune organisation internationale n'est supranationale ou n'a d'autorité sur les États qui n'ont pas librement, par traité avec leurs pairs, adopté des règles communes, procédures d'arbitrage voire délégué certaines compétences à une institution coopérative commune. Tout en reconnaissant des principes philosophiques généraux, la cinquantaine d'États fondateurs de l'ONU, et les trois cinquantaines d'États nouveaux dont ils ont accepté l'adhésion, sont conscients des limites pratiques des modalités de coopération égalitaire (ce serait différent sur un mode censitaire), notamment numériques.

Le principe de l'égalité des droits selon lequel la voix de Nauru compte autant, à l'Assemblée générale, que celle de la Chine cent cinquante mille fois plus peuplée a déjà par le passé déséquilibré les relations internationales dans un hémicycle de deux cents ambassadeurs (plus équipe restreinte), aussi les membres actuels de l'ONU ne souhaitent ni engager des interprètes pour toutes les combinaisons binaires des six mille langues parlées par l'humanité, ni reconnaître une capacité (personnalité) juridique internationale au million (ou plus) de villes et villages qui, dans le monde, sont aussi peuplés que les Tuvalu. Les quelques dizaines d'États qui comptent, dirigent et cooptent à la tête de la communauté internationale ont donc conclu, tacitement, une sorte de traité de non-prolifération étatique.

L'un des fondements de la diplomatie étant le principe de réalité, les sujets de droit international tendent, en pratique, à vouloir limiter le nombre de nouveaux accédants au statut, mais acceptent avec pragmatisme ceux qui savent s'imposer en démontrant leur stature (capacité et responsabilité) internationale. En termes plus illustrés, le club est ouvert mais s'abstient de toute publicité de recrutement. Sans les écrire dans les principes fondateurs, mais en les laissant transparaître dans les décisions pratiques comme les résolutions de l'Assemblée générale et du Conseil de sécurité, on a dégagé en soixante ans d'existence de l'ONU quelques lignes directrices concernant l'autorisation de l'exercice du droit des peuples à disposer d'eux-mêmes. Le droit est universel mais tous les peuples ne sont pas également aidés à l'exercer, et certains sont, dans la pratique, condamnés à la dépendance s'ils ne sont pas capables de s'émanciper seuls.

Un certain nombre d'instruments internationaux préconisent pourtant, au titre des bonnes relations internationales, que les États (sujets de droit international) favorisent l'exercice du droit à l'autodétermination (par les peuples qui ne sont pas encore des États), comme par exemple les deux pactes du 16 décembre 1966 déjà cités selon lesquels "*les États* […] *sont tenus de faciliter la réalisation du droit des peuples à disposer d'eux-mêmes*". D'ailleurs la Cour internationale de justice a reconnu pour sa part, dans un arrêt du 30 juin 1995, que ce droit est une norme *erga omnes* qui concerne donc tous les États et pas seulement ceux directement impliqués comme parties prenantes. On doit cependant ajouter ici que les docteurs du droit international, même si l'ONU est vouée à la résolution pacifique des conflits entre ses membres, reconnaissent un droit au recours aux armes, c'est-à-dire à la sécession par la force après épuisement des autres moyens, en particulier (mais pas exclusivement) dans le cas qu'on appelle la sécession-remède c'est-à-dire comme échappatoire à une oppression violente (ceci est une considération générale sans rapport avec la situation actuelle de la Catalogne).

D'après un droit international coutumier remontant au moins aux traités de Westphalie et exprimé dans la Convention de Montevideo du 26 décembre 1933, le sujet classique de droit international, à savoir l'État, doit disposer d'une population permanente, d'un territoire déterminé, d'un gouvernement, et de la capacité d'entrer en relations avec les autres États. Il est donc généralement admis que seul un peuple capable de réunir ces quatre conditions devrait pouvoir accéder au statut international, ce nonobstant, l'article 3 de la même convention de Montevideo ajoute que "*l'existence politique de l'État est indépendante de sa reconnaissance par les autres États*".

Avec de très rares exceptions comme historiquement l'Ordre souverain militaire hospitalier de Saint-Jean de Jérusalem, de Rhodes et de Malte, voire aussi les institutions en exil d'un peuple expulsé, un consensus se détache donc sur l'idée de ne pas reconnaître comme État un peuple fondamentalement nomade comme les Targuis et les Gitans, sans concept d'administration comme certains très petits peuples d'Amérique, ou tout simplement pas viable. C'est ainsi que s'est constituée la distinction entre droit à l'autodétermination interne et droit à l'autodétermination externe. Pour simplifier, tous les peuples ont droit à l'autodétermination interne, c'est-à-dire à déterminer la manière dont ils veulent être gouvernés, comme les Mahorais qui ont choisi le 29 mars 2009 (par un referendum pas soumis aux autres Français) de faire de Mayotte un département français ou les Portoricains qui ont choisi le 11 juin 2017 (par un referendum pas soumis aux autres États-uniens) de faire de Porto Rico un état fédéré états-unien.

Quant au droit à l'autodétermination externe, c'est-à-dire à la sécession, la reconnaissance de son exercice semble *de facto* conditionnée d'abord, pour des raisons de commodité, par la norme *uti possidetis*, c'est-à-dire l'intangibilité des limites administratives intérieures érigées en frontières internationales. La reconnaissance de l'exercice du droit à la sécession est aussi *de facto* conditionnée d'une part à la proportionnalité (la juste mesure) des moyens engagés, se référant là au droit à la guerre (*jus ad bellum*) issu de la théorie de la guerre juste des docteurs de l'Église, et d'autre part à la légitimité de la finalité de la sécession, en l'occurrence l'établissement d'un État de droit respectueux des normes actuelles en matière de droits de l'homme et des minorités, correspondant essentiellement aux règles du Conseil de l'Europe auxquelles adhère sans réserve le gouvernement de la Catalogne. La condition de perspective d'État viable ne sous-entend pas la préexistence d'une administration proto-étatique antérieure à l'indépendance, vu qu'il se présente très rarement un cas aussi positivement exceptionnel que celui de la Catalogne, déjà dotée d'un gouvernement d'autonomie plus vieux qu'une vingtaine d'États européens souverains actuels.

Une autre difficulté rencontrée dans un certain nombre de cas concrets, pour savoir si une communauté bénéficie du droit des peuples à disposer d'eux-mêmes, est celle de la définition de peuple, un mot abondamment utilisé dans les textes internationaux notamment du système ONU, mais jamais défini du moins dans ces textes-là[32]. Il existe cependant suffisamment de définitions pour éclaircir la plupart des doutes, qui de doute façon ne se posent pas dans le cas de la Catalogne puisque le roi d'Espagne et le gouvernement espagnol ont reconnu le peuple catalan par le décret-loi 41/1977, puis dans les statuts successifs établissant l'autonomie.

Enfin l'objection principale souvent opposée à l'autodétermination d'un peuple est qu'elle porterait atteinte à "l'intégrité" d'un État déjà existant. Cet argument découle systématiquement d'une interprétation erronée de la garantie de l'intégrité des États, qui en réalité est toujours, lorsqu'elle est édictée dans un texte de droit international, opposée à l'usage de la force par d'autres États. Par la Charte des Nations Unies par exemple, et tous les instruments qui en découlent, les États s'engagent à ne pas porter atteinte à l'intégrité des autres États, que ce soit directement ou en supportant une insurrection intestine. Il en était déjà de même du temps de la Sainte-Alliance par laquelle les puissances européennes s'engageaient non seulement à ne pas recourir à la guerre entre elles mais également à ne pas soutenir de mouvement révolutionnaire ou séparatiste chez leurs alliés (une spécialité, au siècle

---

[32] Pour sa part la Charte de l'ONU, ayant été rédigée à San Francisco en anglais, utilise indistinctement les mots "nation" et "État" pour désigner la même réalité, en l'occurrence ce qu'on appelle en français un État.

suivant, de l'Union des Républiques Socialistes Soviétiques et des États-Unis d'Amérique).

Le droit à l'intégrité est la conséquence des deux principes fondateurs d'égalité et de souveraineté des États, et il exprime la prohibition de l'ingérence d'un État (ou d'un autre sujet de droit international) dans les affaires internes d'un autre et de l'intervention dans son domaine de souveraineté. Dans l'Acte final d'Helsinki du 1er août 1975 les États signataires se sont engagés simultanément à respecter l'intégrité territoriale les uns des autres et à respecter le droit des peuples à disposer d'eux-mêmes, confirmant par là qu'il n'y a pas d'incompatibilité entre les deux principes. Dans son avis consultatif n° 2010/25 du 22 juillet 2010, la Cour internationale de justice a expressément rappelé que "*la portée du principe de l'intégrité territoriale est donc limitée à la sphère des relations interétatiques*". Aucun instrument de droit international, par nature traité entre États et régissant leurs relations externes, ne prétend protéger l'indivisibilité d'un État souverain contre une menace interne de sécession ou de désintégration. L'autodétermination d'un peuple revêt une dimension interne et une dimension externe, et reste un processus interne jusqu'à ce que l'issue devienne une autodétermination externe.

Finalement, dans son avis consultatif n° 2010/25 du 22 juillet 2010, la Cour internationale de justice a longuement expliqué les tenants et les aboutissants de la conformité au droit international d'une déclaration unilatérale d'indépendance, en l'occurrence relative à la province de Kossovo et Métochie (Serbie)[33]. Cet avis

---

[33] La citation de cet arrêt importantissime de la Cour internationale de justice ne préjuge pas, dans le cadre de la présente étude, de la conformité du sujet concerné aux autres normes prérequises pour

consultatif émis par l'instance judiciaire des Nations Unies, suite à une requête de l'Assemblée générale, constitue en fait un mode d'emploi de la déclaration d'indépendance irréprochable du point de vue du droit international (et interne, par ailleurs). D'une manière générale, la Cour internationale de justice survole les nombreuses déclarations d'indépendance des XVIII°, XIX° et XX° siècles et en conclut que le droit international n'interdisait nullement les déclarations d'indépendance, que la déclaration de l'indépendance n'a jamais été considérée comme une transgression du droit international, et que la deuxième moitié du XX° siècle a vu apparaître un "droit à l'indépendance". Aujourd'hui encore, "*le droit international général ne comporte aucune interdiction applicable des déclarations d'indépendance*". La Cour remarque même que les rares fois où le Conseil de sécurité a condamné des déclarations d'indépendance, ce n'était pas dû à leur caractère unilatéral mais au fait qu'elles étaient ou allaient être accompagnées de violations graves du droit international général (*jus cogens*) ou de violence illicite.

La CIJ a même ajouté qu'une déclaration d'indépendance ne viole pas non plus le droit interne puisqu'elle n'en relève pas et n'est pas prise dans son cadre. En effet, même lorsqu'une autorité d'administration autonome à compétence interne fait référence au cadre constitutionnel (voire même ouvre la séance en tant qu'administration interne), dès lors qu'elle procède à une déclaration d'indépendance clairement exprimée par exemple par les termes "souverain et indépendant", elle sort du cadre interne. Dans l'esprit des auteurs de la déclaration

---

l'accès au statut international, comme celles de proportionnalité de la violence, légitimité, capacité d'autogouvernement et respect des droits de l'homme.

cette indépendance n'est pas destinée à prendre effet au sein de l'ordre juridique en vigueur, par conséquent "*les auteurs de cette déclaration n'ont pas agi, et n'ont pas entendu agir, en qualité d'institution née de cet ordre juridique et habilitée à exercer ses fonctions dans ce cadre*". Les textes en vigueur, dans le cadre desquels l'autorité d'administration se réunit initialement, ont une finalité d'administration (interne), tandis que la déclaration d'indépendance a une finalité de statut (international), ce qui en fait donc des textes de nature différente et la proclamation de la deuxième ne viole pas les premiers.

La distinction entre la nature du texte et le cadre dans lequel il peut sembler à tort avoir été pris est encore plus évidente si des éléments complémentaires montrent que les auteurs de la déclaration ne se plaçaient plus dans le cadre du droit interne (et de leur mandat) mais dans celui du droit international. Par exemple ils peuvent s'engager à assumer les obligations internationales du territoire qui accède à l'indépendance (auparavant assurées par l'État d'appartenance), écrire la déclaration sur un support ne comportant pas l'en-tête officiel de l'administration interne, signer d'un titre différent de celui porté dans le cadre du mandat interne, s'abstenir d'envoyer la déclaration à l'autorité chargée de l'enregistrement et de la publication officielle des actes habituels de l'autorité interne, ou encore recourir à une procédure différente de la procédure normale d'adoption des textes législatifs à usage interne, comme associer à la signature de la déclaration une autorité distincte (dans le cas en question, le président qui n'appartenait pas à l'assemblée parlementaire mais au gouvernement exécutif). Tels sont les signes secondaires qui permettent, au-delà de l'acte et du texte proprement dits, de déterminer qu'une déclaration d'indépendance n'est pas le fait de l'institution normale d'une administration autonome "*agissant dans les limites du cadre constitutionnel, mais est celui de personnes ayant agi de concert en leur qualité de représentants du peuple*", en dehors du cadre de l'administration normale.

C'est ce qui permet à la Cour internationale de justice de déterminer qu'une déclaration d'indépendance "*n'émanait pas des institutions [...] d'administration autonome, et qu'il ne s'agissait pas non plus d'un acte destiné à prendre effet, ou ayant effectivement pris effet, dans le cadre de l'ordre juridique au sein duquel celles-ci agissaient [...] les auteurs de la déclaration d'indépendance n'étaient pas liés par le cadre qui visait à régir, en définissant leurs pouvoirs et responsabilités, la conduite des institutions [...] la déclaration d'indépendance n'a pas violé le cadre constitutionnel*". En conséquence de quoi, si l'adoption d'une déclaration d'indépendance ne viole ni le droit international général ni le cadre constitutionnel en vigueur, elle ne viole aucune règle applicable du droit international (*dixit* la CIJ).

Il s'agit là de la plus formidable légitimation juridique d'une déclaration d'indépendance, tant au regard du droit public international qu'au regard du droit constitutionnel interne.

Referendum d'autodétermination

Tout d'abord il convient de préciser que la feuille de la route selon laquelle le gouvernement catalan devait mener la Catalogne à l'indépendance en dix-mois ne prévoyait pas de referendum sur l'indépendance, puisque le parlement attendait un vote plébiscitaire en faveur des partis indépendantistes le 27 septembre 2015. La feuille de route ne prévoyait un referendum qu'à l'extrême fin du processus, pour l'approbation de la constitution souveraine catalane. Le referendum intermédiaire sur l'indépendance n'a été rajouté à la feuille de route que l'année dernière.

Le discours du gouvernement catalan actuel n'est pas axé sur l'indépendance, dont il n'est pas certain qu'une majorité de l'électorat la souhaite, mais sur l'autodétermination, qu'une très forte majorité de l'électorat veut absolument. Ce discours est manifestement hypocrite puisque tout en ne demandant qu'une consultation d'opinion la Généralité demande simultanément au gouvernement espagnol que le résultat en soit contraignant, mais il est homogène et constant en prenant à témoin la communauté internationale du fait que la Catalogne voudrait juste un referendum consultatif. Ce discours a même intoxiqué le Financial Times, qui a publié le 29 juin 2017 un article remarqué de quinze pages, exclusivement basé sur des entretiens et manifestement sans recherche documentaire préalable, puisque présentant comme un fait avéré que "*les pilotes catalans de l'indépendance essaient une fois de plus d'organiser un scrutin au lieu de préparer l'indépendance elle-même*", et arrivant finalement à la conclusion que la campagne de sécession n'avançait pas.

Au niveau de ce discours en tout cas, que ce soit sur la scène espagnole face aux partis catalans et nationaux, au gouvernement central et à l'opinion publique espagnole, ou que ce soit sur la scène internationale face aux institutions européennes et à la presse mondiale, le gouvernement catalan revendique la tenue d'un referendum d'autodétermination, sans exiger qu'il soit contraignant, comme expression de la démocratie. Mais il demande que cette consultation soit exercée au niveau de la région autonome de Catalogne, comme entité administrative, et ainsi ouverte à tous, et seulement, les votants inscrits sur les listes électorales des municipalités de la région, ce qui désarme donc l'accusation de nationalisme et les débats sur la définition d'un peuple catalan, incluant aussi bien les Espagnols inscrits en Catalogne que les résidents étrangers munis du droit de vote, et écartant les Catalans inscrits dans d'autres régions d'Espagne.

Le gouvernement espagnol, tout en prétendant refuser tout referendum, s'oppose dans l'esprit surtout à l'idée d'un referendum régional au lieu de national, soutenu en cela par le sentiment d'une majorité d'Espagnols (pas seulement Castillans, Galiciens ou déracinés) pour lesquels la Catalogne appartient à tous les Espagnols, pas spécifiquement aux Catalans. Au contraire dans d'autres régions à l'identité enracinée, comme le Pays Basque et dans une moindre mesure la Navarre (sans parler des autres régions catalanes comme les Baléares et le Valencien), domine le sentiment selon lequel l'avenir de la Catalogne concerne en priorité les Catalans, et on a entendu récemment plusieurs appels au gouvernement central pour étudier une constitution fédéraliste comme solution à la crise de l'unité espagnole. De son côté le gouvernement espagnol ne considère que la possibilité d'un referendum national, d'initiative parlementaire ou populaire (un demi-million de signatures), oubliant opportunément que la constitution espagnole n'avait pas interdit la soumission du statut d'autonomie catalan à l'approbation du corps électoral de la Catalogne seulement, par le referendum de 2006.

Par son mémorandum (en anglais) n° 37 du 9 juin 2017, le ministère des Affaires extérieures catalan a expliqué aux ambassades présentes en Espagne les motifs pour lesquels le gouvernement catalan, ne pouvant dénier aux citoyens le droit de vote et d'expression et après de patientes démarches pour tenter d'obtenir l'assentiment du gouvernement espagnol, avait décidé de convoquer lui-même ce referendum, offrant par là au gouvernement espagnol une opportunité de dépasser son passé autoritaire et les fondations débiles du régime établi en 1978, en défendant sa propre diversité et en garantissant les principes démocratiques dans ses frontières. Toute la presse mondiale a diffusé la date annoncée le 9 juin (devant une concentration de journalistes étrangers jamais vue à Barcelone), comme un fait à noter dans l'agenda électoral mondial de l'année, pas comme un vœu ou une provocation. Il y aura donc une forte présence internationale en Catalogne le 1er octobre.

Au niveau des actes de gouvernement la Généralité a tiré les leçons de ses errements de 2014, et elle est maintenant extrêmement attentive à ne pas présenter de vulnérabilité aux attaques judiciaires, qui sont pour l'instant le principal mode de riposte espagnol, à travers le système judiciaire central voire déconcentré (cours situées en Catalogne mais dépendant de l'organisation judiciaire nationale). Déjà lorsque le Tribunal constitutionnel a interdit le referendum prévu, de manière peut-être un peu trop précipitée, pour le 9 novembre 2014, la Généralité a fait marche arrière et ce sont les associations séparatistes qui ont été chargées d'en faire une consultation non officielle (elles ont déjà annoncé qu'elles ne le feraient pas en 2017). Les lourdes amendes infligées début 2017 par le

Tribunal suprême aux facilitateurs gouvernementaux de cette consultation de 2014 sont payées par ces associations séparatistes et devraient être couvertes par des souscriptions populaires de solidarité[34].

Pour le referendum qui vient (octobre 2017), la Généralité a très scrupuleusement décidé de ne pas utiliser les urnes qui appartiennent à l'État espagnol, pourtant payées par la surcontribution catalane au budget national et destinées à être utilisées en Catalogne. Pour quelques heures d'utilisation référendaire elle a prévu au budget 2017 l'achat de 8000 urnes pour 200000 euros, et a lancé le 8 mai un appel d'offres (déjà étudié par le Tribunal constitutionnel) qui, pour éviter de mettre les fonctionnaires des marchés publics en danger judiciaire plus que disciplinaire, a été dépouillé par des politiciens non fonctionnaires. Cet appel d'offres a été déclaré infructueux pour des raisons obscures, mais qui pourraient une être rétractation des entreprises suite à des menaces gouvernementales espagnoles. En tout cas tout avait été pointilleusement prévu. Cette décision, que seul pouvait prendre un pays riche comme la Catalogne (qui devine cependant que l'indépendance imminente fournira d'autres occasions d'utiliser lesdites urnes), est sauf erreur unique dans l'Histoire. Le seul cas comparable que l'on puisse trouver est celui de 2014, lorsque la Russie après avoir incorporé dans son armée tous les militaires ex-ukrainiens

---

[34] S'il s'agit de punir de présumés (et innocentés par la justice) détournements de fonds publics à des fins collectives illicites sans enrichissement personnel les peines prononcées sont lourdes pour un continent (et certainement un pays) où le détournement en faveur des partis est général et la délinquance publique (fausses factures) une pratique courante, parfois agrémentée d'enrichissement personnel illicite (vol), mais s'il s'agit de punir ou prévenir la sédition ou l'atteinte à l'indivisibilité de l'État les peines sont ridiculement insignifiantes.

stationnés en Crimée récemment réunie (après referendum) à la Russie qui le souhaitaient, a renvoyé en ex-Ukraine continentale, par trains complets, tout l'armement des unités ainsi ralliées[35].

La Catalogne a déjà prévu dans ses lois de transition le transfert de propriété (c'est-à-dire la nationalisation catalane) de tous les biens de l'État espagnol présents en Catalogne au moment de la sécession, ce que pratiquent bien sûr (en général sans l'avoir explicitement prévu) tous les gouvernements de territoires en sécession, sans distinction entre biens meubles et immeubles puisque les meubles sont des accessoires des immeubles, payés par les impôts de la population locale pour son administration. Cette idée permettra au gouvernement catalan de renvoyer, après la sécession, les anciennes urnes en Espagne, mouvement inédit dans l'histoire de la démocratie, mais qui est née simplement de l'étude exhaustive de tous les écueils légaux potentiels, le referendum devant se dérouler encore en temps de souveraineté espagnole. Cela ne facilitera certainement pas la tâche des unités éventuellement chargées par le gouvernement espagnol d'empêcher le déroulement du referendum en saisissant les urnes ou en occupant les locaux (écoles), et fournirait dans ce cas un argument supplémentaire aux protestations mondiales du gouvernement catalan.

Toujours dans l'esprit de ne pas donner prise au pouvoir judiciaire espagnol, l'annonce faite, le 9 juin, de la date (et de la question) du referendum est restée

---

[35] Le gouvernement russe ne savait alors pas que le régime issu du coup d'État du 22 février utiliserait immédiatement ces armes lourdes contre les populations civiles du sud-est protestant de manière pacifique contre le coup d'État, et de plus s'en vanterait.

essentiellement un acte oral, pour lequel il n'y a ni résolution du parlement ni décision du gouvernement. La volonté de procéder à ce referendum avait bien été arrêtée par le parlement catalan (sans réaction espagnole) mais la détermination de la date du 1er octobre n'avait fait l'objet, au moment de son annonce, d'aucun acte de décision attribuable et répréhensible. La convocation officielle sera effectuée plus tard, très certainement au tout début septembre puisque le parlement va réduire à 30 jours au lieu de 54 le délai de préavis nécessaire à la convocation d'une consultation ou d'un vote, dans l'objectif de compliquer la tâche de la justice espagnole chargée d'en prononcer l'anticonstitutionnalité, bien que, puisque le contenu même de la convocation sera considéré illégal, peu importe que le délai légal ne soit pas respecté.

Il reste quand même une difficulté technique, à savoir que les partis politiques catalans n'ayant pas su s'entendre sur une loi électorale propre (contrairement aux autres communautés autonomes), c'est une ancienne loi espagnole qui s'applique… et c'est une administration centrale qui tient les listes électorales. Faute de coopération à attendre de l'institut national de statistique espagnol, le gouvernement catalan va devoir constituer (ou a déjà) ses propres listes. Le Conseil d'orientation pour la transition nationale a pressenti l'Institut de statistique de Catalogne, détenteur à des fins statistiques de la liste électorale provinciale et des listes de résidents enregistrés dans chaque municipalité au titre du recensement de la population, pour constituer une liste d'électeurs plus récente que celle des élections de 2015, dont la Généralité dispose déjà.

Pour les 3% de municipalités (24 sur 914) anti-indépendantistes, les bureaux de vote seront installés dans les locaux des administrations provinciales les plus proches des lieux de vote habituels. Les tout derniers détails référendaires seront connus lors de la rentrée parlementaire, exceptionnellement avancée au 15 août, quand l'exécutif catalan (ou la coalition parlementaire qui l'a constitué) présentera au parlement ses projets de lois dont la préparation avait clairement été annoncée en 2016 comme un pas important. La plupart des doutes subsistant ont été levés le 4 juillet, date de la présentation du projet de loi d'organisation du referendum qui sera vraisemblablement votée tout début septembre. En réalité la seule garantie qui puisse être offerte est celle de l'irréversibilité du processus. En l'occurrence l'inscription, dans la loi d'organisation du referendum (article 4), de l'engagement par le parlement de déclarer formellement l'indépendance et d'engager le processus constituant dans les deux jours de la proclamation des résultats (si le oui l'emporte) apporte cette garantie. Elle assure aussi que tous les votants, dont d'après un sondage publié le 2 juillet seulement 12% pensaient qu'un résultat positif conduirait à la sécession, voteront en connaissance de cause. C'était bien là la garantie nécessaire.

La Généralité avait aussi promis de rendre publiques le 4 juillet les "garanties" de l'irréprochabilité du processus, censées rassurer les électeurs, les fonctionnaires et surtout les partis qui se prétendent séparatistes légalistes. Évidemment il était facile de trouver une légitimité dans le droit international, impossible d'obtenir à l'avance une reconnaissance internationale, et illusoire de promettre aux participants l'impunité en cas d'échec… d'ailleurs le gouvernement catalan a effectivement promis de démissionner et convoquer des élections en cas de victoire du non, c'est-à-dire, dans la plus pure tradition de la démocratie, de ne pas assumer et gérer les conséquences d'un échec éventuel de sa politique. La présentation publique, et sur le site internet dédié aux "*garanties pour un referendum légal, effectif et contraignant*" ouvert le 4 juillet, entend rassurer l'électorat en expliquant que sur tous les plans le referendum se déroulerait comme tous les scrutins antérieurs, les trois seules différences étant l'exploitation par une commission électorale catalane nouvellement constituée (cinq membres nommés par le parlement), la supervision par une mission d'observation internationale, et la référence au droit international et à la légitimité démocratique face au déni de licéité espagnol.

Pour ne pas mettre les fonctionnaires dans la difficile position de devoir choisir entre désobéir au gouvernement catalan (qui les paie) et désobéir au gouvernement espagnol (qui peut les poursuivre en justice), et après avis du Conseil de la fonction publique interrogé en raison des doutes légitimes des syndicats, la Généralité a décidé de déployer pour le referendum un effectif de 4000 "agents électoraux" pour suppléer les employés municipaux, notamment secrétaires de mairie, habituellement en charge des opérations électorales. Ces agents seront recrutés par une bourse de volontariat (pas interdite aux fonctionnaires), puis recevront une formation spécifique, comme les observateurs que l'OSCE déploie dans les pays qui le nécessitent pour superviser des élections (généralement sous contrat de deux semaines couvrant la formation et préparation, le scrutin puis le dépouillement). En cas de difficulté de recrutement on peut deviner que les deux principales associations indépendantistes, qui avaient été capables d'organiser seules la consultation de 2014, pourront fournir le complément nécessaire. Le gouvernement catalan fera certainement aussi appel aux 12000 élus de Catalogne, à savoir députés, maires et conseillers, mais un certain nombre d'entre eux appartiennent aux partis anti-indépendantistes (et certains aussi doivent être fonctionnaires) et ne participeront donc pas à la logistique du referendum.

Tout cela ne compte pas les trois personnes (un président et deux assesseurs) pour chacune des 8233 urnes habituellement déployées dans 2706 écoles, soit près de

25000 personnes sans compter les suppléants, qui seront tirées au sort parmi les électeurs, selon la procédure en vigueur pour tous les scrutins antérieurs. Reste à convaincre aussi le maire de Barcelone, une "indignée" passée malgré elle de la contestation d'à peu près tout au gouvernement d'une ville d'un million et demi d'habitants et qui n'a pas encore résolu toutes les contradictions que cela induit, or l'implication de sa municipalité et de son parti seront déterminants.

De la même manière que les bons vendeurs qui ne demandent pas si on veut acheter un chandail mais si on le préfère vert ou rouge, le gouvernement catalan a demandé inlassablement au gouvernement espagnol de discuter des modalités du referendum, comme la date mais aussi le quorum et la majorité nécessaires, sans cacher qu'il était prêt à accepter, comme ce qui est exigé du parlement pour modifier la constitution espagnole, une majorité des deux-tiers. Il faut dire que de l'ordre de 60% des votants potentiels souhaitent un referendum négocié avec le gouvernement central et pas un referendum clandestin. Comme l'exécutif central n'est pas tombé dans le piège et a refusé toute négociation sur une consultation qu'il considère anticonstitutionnelle, il est vraisemblable que le parlement catalan décidera d'appliquer les normes mondialement acceptées de considérer un referendum valable s'il y a au moins 50% de participation, et de le considérer gagné s'il y a une majorité de votes positifs, soit 50% des votes exprimés plus un. Mais alors la marge de victoire potentielle de l'indépendantisme est faible, puisque d'après les sondages un referendum accordé par le gouvernement espagnol serait probablement perdu par les indépendantistes (seule une aggravation du conflit en convaincrait de nouveaux), tandis qu'un referendum interdit serait très largement gagné par les tenants de l'indépendance mais pourrait ne pas réunir le quorum en l'absence de participation des légalistes unionistes.

Puisque la Commission de Venise recommande de ne pas spécifier de participation minimale ou quorum car cela comporte "*le risque de provoquer une situation politique complexe si le projet est appuyé par une majorité simple inférieure au seuil de représentation*" fixé, et en dépit de fortes tentations de mettre en place un seuil, la Généralité n'a finalement pas fixé de participation minimale pour la validité du scrutin. L'option réunissant le plus grand nombre de votes exprimés sera donc proclamée gagnante, même en cas d'abstention digne d'une élection au Parlement européen (auquel d'ailleurs une délégation du parlement catalan a présenté le 4 juillet le contexte et le processus de l'autodétermination). De même, puisque la Commission de Venise recommande de ne pas faire coïncider la date d'une consultation avec un jour à forte connotation politique ou symbolique car cela pourrait influencer aussi bien le taux de participation que l'orientation du vote, la Généralité a écarté le dimanche 10 septembre, veille de la *Diada* ou fête nationale catalane. En effet le gouvernement catalan met un point d'honneur à respecter le code de bonnes pratiques référendaires, car il y voit le meilleur argument pour convaincre les institutions européennes et internationales de la validité de l'autodétermination catalane et de la légitimité de l'indépendance.

Le ministère des Affaires extérieures catalan constitue une commission de supervision internationale du referendum, et invite des observateurs internationaux. Le 1er juillet, l'association des municipalités indépendantistes, représentant 90% des municipalités, a décidé de demander à toutes les villes étrangères jumelées avec une ville catalane d'y envoyer des observateurs pour le referendum. Enfin, ne serait-ce qu'à en juger par le résultat du manifeste *Let Catalans Vote*, déjà signé par plusieurs prix Nobel de la paix quelques semaines après son lancement, il y aura assurément des observateurs.

Le projet de loi d'organisation du referendum rappelle en son préambule les textes internationaux garantissant le droit des peuples à l'autodétermination, et invoque l'article 96 de la constitution espagnole incorporant justement à la législation nationale les traités internationaux ratifiés par l'Espagne. Au-delà, avant que l'article 3 de la loi désigne le parlement catalan comme représentant de la souveraineté du peuple de Catalogne, l'article 2 de cette loi affirme que "*le peuple de Catalogne est un sujet politique souverain et comme tel exerce le droit à décider librement et démocratiquement sa condition politique*". En réalité le vote de cette affirmation inconditionnelle de souveraineté suffirait comme proclamation d'indépendance, même sans referendum, selon la démonstration de la Cour internationale de justice en son avis consultatif 2010/25 portant d'ailleurs, justement, sur une déclaration d'indépendance sans referendum préalable.

Lois de transition

L'indépendance de la Catalogne a été mûrie et préparée, elle n'a pas été improvisée, ou imposée par un démantèlement étatique comme en ex-URSS ou une promesse de déportation massive comme en ex-Ukraine.

En convoquant les élections parlementaires du 27 septembre 2015 le gouvernement catalan avait clairement indiqué qu'il s'agissait d'un vote pour ou contre l'indépendance et qu'en cas de victoire la coalition indépendantiste aurait dix-huit mois pour conduire à l'indépendance. Cette annonce a fait participer 75% de l'électorat, un bond de dix points par rapport aux élections précédentes où un tiers de l'électorat s'était abstenu. Les deux partis indépendantistes obtinrent respectivement 40% et 8% des voix (les divers partis unionistes 40%) mais 62 et 10 sièges sur 135 soit une majorité au parlement, qui permit après trois mois de disputes (idéologiques et stratégiques) de constituer le 10 janvier 2016 un gouvernement de coalition chargé de préparer la sécession, programme porté par un gouvernement provincial démocratiquement et légalement constitué.

Le gouvernement central espagnol considère illégale et anticonstitutionnelle la mise en application de ce programme et fait maintenant annuler par le Tribunal constitutionnel les dispositions prises et condamner par le Tribunal suprême leurs auteurs. On peut cependant se demander pourquoi il n'avait pas fait usage en 2015 de sa possibilité d'interdire l'incorporation de projets illégaux dans les programmes électoraux, de bannir des élections les partis proposant ouvertement des projets de sédition au sens de l'article 545 du code pénal, ou de chercher un moyen d'annuler le résultat des élections au moyen de l'article 155 de la constitution espagnole.

À la fin 2015 une "feuille de route" fut tracée par la coalition indépendantiste, dont l'une des grandes étapes était la préparation d'un texte à portée proto-constitutionnelle, nommé loi de transition juridique et surnommé loi de déconnexion ou de rupture. Le projet devait rester secret jusqu'à sa soumission au parlement, néanmoins dans son édition datée du 22 mai 2017 le journal madrilène El País a publié la traduction espagnole des points principaux de ce qu'il présente comme la dernière version de ce texte avant sa mise au vote, et commenté d'autres articles moins importants le lendemain, sans cependant publier de texte intégral. Le gouvernement catalan a alors démenti qu'il s'agît de la dernière version, tout en laissant entendre qu'un texte était effectivement arrêté, et prêt à présenter à tout moment. Comme tout journal respectueux de la déontologie El País n'a pas cité ses sources, et n'a d'ailleurs pas semblé inquiété pour avoir préféré faire un *scoop* vendeur plutôt que de dénoncer au ministère de l'Intérieur une conspiration contre l'unité du pays.

Cette loi de transition juridique a été préparée par le Conseil d'orientation pour la transition nationale, créé le 12 février 2013 et présidé par l'éminent constitutionnaliste Carles Viver i Pi-Sunyer (ancien vice-président du Tribunal constitutionnel espagnol), puis dissous par le Tribunal constitutionnel, pour anticonstitutionnalité… le 10 mai 2017, donc après la conclusion de ses quatre ans de travaux. Au fur et à mesure de l'avancement de l'étude et de la rédaction il était apparu opportun de préparer en fait plusieurs lois distinctes, en l'occurrence au moins une loi organisant le referendum, une loi dite fondatrice organisant le régime juridique, une loi dite économique organisant la fonction impositive (peut-être provisoire pour le premier exercice fiscal) en prévision de laquelle le ministère de l'Économie a conduit courant 2017 une forte montée en puissance, et une loi de sécurité sociale, l'ensemble étant nommé par le parlement comme "lois de déconnexion". Enfin, si une résolution parlementaire de déclaration de l'indépendance a pu être préparée dans un premier temps, elle pourrait finalement ne pas être nécessaire.

La loi organisant le referendum doit être spécifique de manière à pouvoir être modifiée isolément si nécessaire. Par exemple si le gouvernement espagnol décidait finalement d'autoriser un referendum, le gouvernement catalan a répété plusieurs fois qu'il accepterait d'en discuter les conditions. On pense bien sûr aux détails de date, quorum et majorité nécessaire, mais la question elle-même pourrait être différente si le gouvernement espagnol, reconnaissant les décennies d'aspirations catalanes et les conseils récents émanant d'autres communautés autonomes (et de personnalités espagnoles) inquiètes de la crise de l'unité espagnole, concevait une fédéralisation, ce qui pourrait se traduire dans la question du referendum par une alternative entre fédération et indépendance. Cette loi d'organisation, dont le projet a été publié le 4 juillet, sera vraisemblablement présentée au parlement catalan fin août ou début septembre. Elle sera suivie d'un décret convoquant le referendum (pour trente jours plus tard), afin de découpler la décision démocratique de l'application exécutive, et d'un décret complémentaire, qui précisera les derniers détails pratiques.

Mais il y aura aussi la loi dite du régime juridique de transition[36], prévue pour apporter un cadre institutionnel et juridique pendant les quelques mois séparant la

---

[36] http://portaldogc.gencat.cat/utilsEADOP/PDF/7451A/1633636.pdf

proclamation d'indépendance de l'adoption d'une constitution. Son vote pourrait s'effectuer selon une procédure d'urgence, sous quarante-huit heures en lecture unique c'est-à-dire sans possibilité d'amendement, les parlementaires devant simplement voter pour ou contre. Si la loi est présentée au parlement le vendredi 29 ou le samedi 30 septembre, elle sera votée juste à temps pour fournir un nouveau cadre légal et une conséquence irréversible au referendum du dimanche 1er octobre, et même si le Tribunal constitutionnel espagnol, qui l'attendra, la suspend dès le lundi 2, cela ne fera qu'apporter une justification supplémentaire à la déclaration d'indépendance.

Certains articles revêtent un caractère constitutionnel, comme le premier qui pose que la Catalogne se constitue en État sous la forme d'une république constitutionnelle, ou le deuxième qui établit que la souveraineté nationale réside dans le peuple de Catalogne. D'autres ont un caractère expressément temporaire, comme celui qui maintient à titre provisoire toutes les lois espagnoles qui ne contredisent pas la présente loi de transition ou une loi catalane ultérieure. D'autres articles encore paraissent logiques et conformes aux intentions affichées par la Généralité, comme l'obligation pour les fonctionnaires et magistrats d'apprendre le catalan au niveau nécessaire à leurs fonctions, assortie cependant d'un délai raisonnable pour apprendre la langue et le montrer.

D'autres articles ont attiré la critique de la presse espagnole, comme évidemment celui concernant l'amnistie des inculpés et condamnés politiques pour indépendantisme, mais aussi un article qui semble, à sa lecture de la première publication par El País, mal interprété ensuite. On a largement reproché qu'il soit demandé aux juges, magistrats et procureurs de devoir "concourir de nouveau pour conserver leur poste en Catalogne". Or la lecture attentive du texte publié (dont l'authenticité n'est de toute façon pas certaine) montre qu'il y a deux alinéas distincts, l'un qui stipule que les juges, magistrats, procureurs et clercs en fonction en Catalogne au moment de la transition juridique restent dans leurs postes (et semblent donc automatiquement intégrés aux corps catalans correspondants), et l'autre qui prévoit que les juges, magistrats, procureurs et clercs titulaires dans la fonction judiciaire espagnole (apparemment sans condition de résidence ou d'affectation en Catalogne au moment de la transition) pourront concourir aux postes à pourvoir, c'est-à-dire non pourvus ou non encore créés au moment de la transition. Sous réserve de la lecture de l'original en catalan, cela n'apparaît donc pas comme la remise en cause des compétences et de la carrière passée des intéressés ou comme l'introduction d'une possibilité de tri politique arbitraire pour le maintien dans les postes déjà tenus, mais au contraire comme un appel aux magistrats espagnols, ou catalans affectés hors de Catalogne, à venir postuler en Catalogne. Il y a eu là tentative de désinformation, vraisemblablement envers le grand public puisque les intéressés eux-mêmes savent lire un texte de loi.

On a déjà évoqué précédemment la grande ouverture en matière de nationalité, ce texte n'ayant aucun caractère nationaliste au sens du *jus sanguinis* (nationalité transmise par les parents) mais plutôt patriote au sens du *jus soli* (nationalité acquise par la résidence), du moins en ce qui concerne les Espagnols puisque les parties publiées du prétendu projet de loi ne traitent que de la nationalité d'origine, pas de la nationalité acquise par mariage ou naturalisation par exemple, et que du cas des Espagnols, pas des résidents étrangers. En l'occurrence, sera considéré Catalan d'origine tout Espagnol inscrit sur une liste électorale catalane depuis un an au moment de l'indépendance (ou deux ans ultérieurement), tout Espagnol né en Catalogne, tout Espagnol non résident (donc non électeur) mais ayant son domicile légal en Catalogne depuis cinq ans, et tout Espagnol dont le père ou la mère a la nationalité catalane. Il s'agit là de dispositions extrêmement larges même comparées à celles en vigueur dans d'autres États de droit, en Europe ou ailleurs.

En vérité le code de la nationalité n'a *a priori* rien à faire dans un texte à caractère constitutionnel précisant la forme de l'État, le cadre juridique et les modalités de la relève des administrations, et y a donc été inséré à dessein. Le gouvernement catalan a voulu rassurer et inviter les Espagnols d'origine centrale ou occidentale qui pouvaient croire jusqu'à présent que la Catalogne serait réservée aux indigènes ayant bu la langue au berceau, et se seraient opposés à l'indépendance par peur de devoir rentrer en Espagne. Et il a aussi certainement voulu rassurer et séduire les institutions internationales qui pouvaient s'effrayer de voir naître une nouvelle abomination "ethniciste" ou nationaliste de type oustacha, prête à lancer une campagne de "purification ethnique" comme celles de Croatie de 1991 à 1995, de Kossovo et Métochie de 1999 à 2004, de Géorgie en 2008 ou d'ex-Ukraine depuis 2014. La Catalogne est un État de droit et surtout un pays civilisé, et non seulement elle reconnaît les droits garantis notamment par le Conseil de l'Europe, mais de plus elle invite largement tous les Espagnols qui souhaitent s'y installer, tout en les informant certes de la primauté de la langue catalane.

Mais l'article certainement le plus important de la loi de transition juridique est le dernier, libellé "disposition finale" par El País. Il n'apporte pas de surprise, puisque cette intention était déjà annoncée dans le programme électoral de Junts pel Sí, puis que le vice-président Oriol Junqueras a confirmé en avril dernier son existence avant qu'on en connaisse donc le phrasé exact. Il s'agit de la "clause de déblocage", par déclaration unilatérale d'indépendance. En clair, dans le cas où le gouvernement espagnol arriverait, par quelque moyen que ce soit, à empêcher la tenue du referendum, le parlement catalan procèderait à la déclaration d'indépendance. Plus exactement le programme de Junts pel Sí disait qu'en cas d'interdiction effective de la tenue du referendum la Généralité et le parlement procèderaient à la proclamation de l'indépendance et à l'approbation de la loi de transition juridique.

La conception de l'autorité et de l'enchaînement des actions a donc changé, après étude approfondie des scénarios. D'une part les décisions qui engagent l'avenir de la Catalogne seront prises par le parlement seul, expression et délégation de l'électorat donc manifestation de la démocratie (argument fort à l'international), le gouvernement se cantonnant pour sa part au rôle de préparation, d'un état-major qui formalise et présente les différentes options au décideur. D'autre part la chronologie des actions déterminantes est inversée, et en approuvant juste avant la tenue du referendum la loi de transition juridique, ce qui pourra demander un ou deux jours de débats encadrés par la procédure expéditive, le parlement ne laissera plus en suspens que la proclamation de l'indépendance. L'approbation de cette loi de transition juridique sera le prochain acte formel de désobéissance de la part du parlement après le vote de la loi d'organisation du referendum, même si de la part du gouvernement il y aura auparavant la licitation de l'achat des urnes (dont l'illégalité est discutable) et surtout la commande des bulletins de vote (dont le libellé sera manifestement illégal car anticonstitutionnel).

En amont de la procédure dite par lecture unique (en réalité vote unique) selon l'article 135 du règlement du parlement, l'article 81 permet une modification sans préavis de l'ordre du jour sur demande du président, de deux groupes parlementaires ou d'un cinquième des députés, sauf opposition par une majorité absolue. Et bien que toute documentation nécessaire doive être distribuée deux jours avant toute discussion, l'article 106 permet en cas d'urgence de distribuer la documentation en séance avant sa publication au bulletin officiel. Aucune modification préalable du règlement n'est donc absolument nécessaire, contrairement à ce qu'écrivent ici ou là des commentateurs qui ne l'ont pas lu. La Cour internationale de justice a établi le 22 juillet 2010 que pour une déclaration d'indépendance les règles procédurales de l'assemblée proclamatrice ne comptent pas et qu'il est même judicieux qu'elle outrepasse ces règles afin de montrer qu'elle sort sciemment du cadre institutionnel antérieur, cependant le parlement de Catalogne, soucieux de légitimité compte tenu de sa fragilité démocratique (faible majorité), respectera certainement ses règles internes. En clair, il suffira de trois jours pour présenter et approuver chacune de ces lois, fin août ou début septembre.

Il paraît peu vraisemblable que la justice espagnole puisse traiter quoi que ce soit pendant l'été, mais le gouvernement peut, par les mesures d'exception prévues à l'article 155 de la constitution, intervenir contre l'autonomie, ce qu'il ne fera pas à ce stade, ou intimer puis inhabiliter la Généralité (entre autres possibilités), ce qui est plus vraisemblable. En tout cas le gouvernement central ne trouvera aucun reproche nouveau à faire au parlement catalan jusqu'à la publication légale de la première des lois de déconnexion votée, à savoir vraisemblablement la loi de convocation du referendum dont l'article 2 est manifestement anticonstitutionnel. Si c'est la loi de transition juridique qui est votée en premier, comme le souhaitent certains partis, son contenu est aussi évidemment anticonstitutionnel bien que, suprême subtilité, son entrée en vigueur ne soit ni immédiate ni inéluctable (elle reste conditionnelle), mais ne nécessite pas de décrets d'application puisqu'elle prévoit son entrée en vigueur automatique (alors immédiate) dans deux cas de figure.

Donc le parlement catalan sera encore légal et en fonctions lorsqu'il adoptera cette loi, qui sera suspendue immédiatement en attente d'être cassée par le Tribunal constitutionnel après un délai que l'on qualifiera pudiquement de judiciaire (quatre ans pour annuler la création du Conseil d'orientation pour la transition nationale), mais qui motivera une réaction du gouvernement central sous l'article 155 de la constitution, à savoir au minimum l'intimation directe de la présidente du parlement catalan et peut-être, faute de compétence de l'État central pour dissoudre ce parlement, sa paralysation par des inhabilitations individuelles ou la suspension *de facto* de l'autonomie de la Catalogne par l'émission d'ordres directs aux ministres dits conseillers, toutes mesures qui ne peuvent être prises qu'après autorisation du sénat espagnol, c'est-à-dire en septembre au plus tôt. Entretemps le parlement catalan aura vaqué à ses autres urgences souverainistes, dans une atmosphère de normalité estivale seulement troublée par les cris d'orfraie de quelques journalistes madrilènes tombés de leur natte de plage.

Ensuite c'est le gouvernement espagnol qui aura l'initiative de reprendre les hostilités, d'abord au sénat puis en Catalogne, au sujet d'un texte somme toute "modéré" qui n'envisage pas d'entrée en vigueur de l'indépendance en cas de résultat négatif du referendum. La formulation du projet ménage les partis soi-disant légalo-séparatistes, puisqu'il ne prévoit d'indépendance automatique qu'en cas d'empêchement effectif du referendum, pas en cas d'interdiction sans effet réel ou de suspension *de facto* de l'autonomie. Mais si ce projet n'était pas adopté quand il sera présenté au parlement, le gouvernement catalan a déjà annoncé qu'il présenterait sa démission et convoquerait des élections anticipées, renvoyant les partis indécis ou incohérents devant leurs électeurs.

Au départ la planification de la Généralité s'étalait sur plusieurs mois après le referendum, sans déclaration tonitruante d'indépendance au lendemain de celui-ci, mais en passant par l'élection anticipée d'un nouveau parlement explicitement chargé de rédiger une constitution, ratifiée ensuite par referendum six mois après le referendum d'autodétermination. Mais finalement la loi de transition juridique prévoit, hormis son entrée en vigueur automatique au cas où le parlement constaterait l'empêchement effectif de tenir le referendum, son entrée en vigueur, sinon, du fait même de la victoire du oui au referendum, qui agirait donc en elle-même comme proclamation d'indépendance. Ainsi la loi de transition juridique se suffit à elle-même. Son vote ne déclare ni son entrée en vigueur ni la sécession, dont elle organise cependant les détails et les conséquences, mais une fois qu'elle aura été votée il suffira au parlement de prendre acte du résultat positif du referendum, ou de constater l'impossibilité de le tenir, pour que l'indépendance soit considérée effective sans même qu'il soit besoin de prononcer le mot. Et on a vu que le projet de loi d'organisation du referendum prévoit la déclaration d'indépendance dans les deux jours du constat, le cas échéant, de la victoire du oui.

Acteurs et incertitudes

En amont de la réaction espagnole, les incertitudes proviennent des penchants et intérêts inconciliables non seulement entre les différents acteurs (ou groupes d'acteurs) mais également dans le for intérieur de chacun d'entre eux.

Le mois de juillet 2017 se termine sur l'incertitude concernant le maire de Barcelone et son mouvement à géométrie variable "en commun nous pouvons", qui sous le terme d'équidistance entre les unionistes et les séparatistes se déclarent en faveur d'une indépendance accordée avec l'Espagne, ce qui est évidemment impossible, et souhaitent la tenue d'un referendum non contraignant, et seulement si le gouvernement espagnol l'autorise, ce qui n'arrivera pas[37]. Il ne s'agit pas là d'une indécision politicienne mais de la correcte compréhension des souhaits de beaucoup d'électeurs, que l'on pourrait qualifier de séparatistes légalistes car ils entretiennent une réelle illusion qu'il est possible d'abord de ne pas effrayer l'Espagne en assurant que l'issue du referendum sera sans conséquence sur la politique du gouvernement catalan, puis de faire sécession légalement. En même temps, une partie de cette mouvance légaliste reproche au gouvernement catalan d'avoir obéi, en

---

[37] Un referendum accordé par l'Espagne aurait des probabilités raisonnables, moyennant campagne de communication, de rejeter l'indépendance, mais d'une part il ouvrirait la porte à des referenda dans d'autres régions, et d'autre part il serait suivi d'un referendum tous les cinq ans en Catalogne jusqu'à victoire ou marginalisation de l'indépendantisme.

changeant le referendum de 2014 en simple consultation informelle qui les a faits se mouiller pour rien.

Certains de ces gauchistes antimondialistes de pays riche sont volontiers intellectuellement anticapitalistes tant que ça n'affecte pas le salaire à la fin du mois, et voient dans les barricades un idéal romantique où les pavés ne doivent surtout pas voler. S'ils craignent de se mettre personnellement dans l'illégalité ils ne prendront pas part à un scrutin qui leur paraîtrait clandestin. Sur le fond ce mouvement, tout en revendiquant le droit à décider, est assez clairement fédéraliste et plutôt rétif à l'indépendance même souhaitée par une partie de sa base. L'équipe rapprochée du maire de Barcelone Ada Colau, idéologiquement proche de l'anarchie mais portée en 2015 au gouvernement d'une cité d'un million et demi d'habitants et décontenancée devant les exigences d'ordre qu'implique une telle charge, s'est trouvée forcée par la nécessité à entamer une institutionnalisation post-révolutionnaire bousculée par la perspective de l'indépendance alors qu'elle commençait à ambitionner de détrôner le puissant parti socialiste, institution majeure en Espagne depuis l'établissement de la démocratie.

Par contre, si le referendum a lieu après la sécession donc dans le cadre d'une nouvelle légalité affranchie de la clandestinité, il ne serait pas surprenant que cette partie de l'électorat aille voter, et pour l'indépendance, ne faisant alors que légitimer l'initiative illégale (au regard de l'ancienne légalité espagnole) prise par le gouvernement catalan. En ce sens, si avant l'été les intentions de vote penchent (de peu) vers l'union, à l'automne et en cas de sécession les votes effectifs pourraient largement supporter cette dernière. Cette nouvelle gauche, numériquement importante mais comportant le plus grand pourcentage d'indécis de tout l'échiquier politique, est en train d'évoluer au sujet du referendum, d'une position exigeant l'accord du gouvernement espagnol à une position exigeant des garanties (de nature non précisée) du gouvernement catalan, lequel offre comme argument de moyen l'assurance de l'impunité de la désobéissance à l'Espagne, illusoire en cas d'échec, et comme argument de finalité la reconnaissance internationale du referendum, qui ne sera connue qu'*a posteriori*.

En fait il semblerait que cette portion importante de l'électorat confonde légalité et possibilité, croyant qu'un referendum illégal est impossible donc indigne d'être soutenu. Dès lors qu'il apparaîtra possible et même inéluctable, cette portion-là apportera son bulletin souverainiste (mais peut-être pas son aide matérielle), de la même manière que les anti-indépendantistes qui ne font pas campagne, tant qu'ils croient qu'un *boycott* empêchera le referendum illicite (erreur des Serbes de Bosnie et Herzégovine le 29 février 1992), finiront par aller voter contre plutôt qu'être comptés dans l'abstention indécise.

À l'opposé de cette nouvelle gauche issue des indignés la coalition au pouvoir à la Généralité, alliance inconcevable ailleurs de droite conservatrice et de gauche révolutionnaire dont le principal dénominateur commun est le rétablissement de la souveraineté de la Catalogne, est, on l'a vu à travers l'étude du très sérieux processus de transition, non seulement un gestionnaire et administrateur responsable mais aussi un centre de recherche politique et de conception prospective fort actif. Aussi ce gouvernement catalan, au début irrité par le désordre très concrètement tombé sur la capitale (accumulation d'ordures et explosion de la délinquance) après la victoire de cette nouvelle gauche impréparée à l'administration et au maintien de l'ordre, souhaite impliquer activement les ressources politiques et intellectuelles de la capitale dans la phase constituante dont il jette déjà les fondements. Entretemps il pourrait aussi impliquer les autorités de Barcelone dans la constitution de la commission électorale, seule manière de les rassurer sur la solidité et l'irréversibilité du processus.

Le nouveau discours du gouvernement catalan est que le referendum doit être tenu, même s'il faut pour cela déclarer d'abord l'indépendance, ce qui fait du referendum non seulement un motif ou un prétexte pour la sécession mais aussi un plébiscite de confirmation. Ce discours est axé sur le caractère absolument sacré de la possibilité réelle d'exercice du droit à l'autodétermination quel qu'en soit l'issue, ce qui est bien plus porteur à l'international (et démocratiquement légitime) qu'une revendication partisane séparatiste. Mais en réalité la Généralité prépare déjà la mise en place des éléments pour l'ouverture de la phase constituante, afin de ne pas perdre de temps et générer de l'incertitude. C'est ce que beaucoup d'observateurs distants ne perçoivent pas : le gouvernement catalan, sauf renversement par le parlement, ne peut pas considérer faire machine arrière, même si certains de ses membres peuvent ne pas savoir encore avec clarté l'enchaînement et l'ordonnancement des prochains événements.

La société productive, c'est-à-dire l'économie privée, a besoin comme partout de stabilité, de sécurité et de normalité. Certains secteurs intellectuellement vulnérables au discours espagnol, donc petites entreprises et artisans, peuvent s'inquiéter de la menace d'écartement de l'Union européenne, non par idéologie du libre-échangisme globalisé mais par appréhension de l'inconnu. Ces secteurs-là seront rassurés dès qu'un nouveau cadre institutionnel leur paraîtra capable d'apporter la stabilité. Le secteur des entreprises industrielles ou de services de taille moyenne ou grande, intellectuellement mieux équipé, ne doute vraisemblablement ni de la solidité de l'économie catalane ni du gros allègement fiscal (de moitié) que représente, potentiellement, la fin de la subvention catalane à l'économie espagnole. Mais ce secteur-là attend aussi un changement de statut franc et intégral à une date donnée, en redoutant une période de flou institutionnel. Les directeurs financiers ont besoin de savoir sous quel régime fiscal ouvrir l'exercice comptable au 1er janvier 2018, en euros bien sûr (eux n'ont aucun doute sur l'unité de compte). Mais évidemment, une entreprise comme toute organisation est composée d'hommes, qui ont leurs penchants et leurs craintes personnels.

Le 18 juin a été publié un nouveau sondage, le premier depuis l'annonce de la date du referendum, c'est-à-dire l'engagement inéquivoque du gouvernement catalan. Pour la première fois les partisans de l'indépendance l'emporteraient, à 42% contre 39%. Surtout, 55% des sondés sont désormais sûrs d'aller voter et 9% de plus l'envisagent, 11% ne savent pas encore et 24% sont déterminés à ne pas y aller. Cela confirme ce que l'on pouvait supposer jusque-là, à savoir que l'électorat décisif[38], peu enclin au séparatisme quand on l'interroge à titre consultatif, choisira la souveraineté lorsqu'il s'agira de son futur concret. Il ne s'agit pas là de se mouiller ou pas, les sondages étant aussi anonymes que le vote réel, mais de se sentir concerné ou pas, d'y croire suffisamment pour s'interroger sincèrement en profondeur.

À noter également l'intention de participation de 35% des anti-indépendantistes désormais, presque huit fois plus nombreux que lors de la consultation de 2014. Tout cela paraît signifier qu'une partie croissante de la société

---

[38] On entend par l'électorat décisif celui qui emportera la décision, à savoir non pas les 40% d'indépendantistes convaincus de toujours ou les 25% d'unionistes irréductibles, mais les 15 à 20% qui n'ont pas de religion ferme en la matière et les 10 à 20% qui ont plus d'espoir d'obtenir quelque chose ce jour-là en lançant un hameçon dans un trou à truites qu'en jetant un bulletin à un panier de crabes.

catalane pense que lorsque son gouvernement aura formellement déclaré l'indépendance l'Espagne sera impuissante. Cela montre aussi que l'issue est hautement incertaine, car plus le résultat apparaîtra déterminant même en cas (pratiquement certain) d'interdiction par l'Espagne, plus une portion importante d'unionistes (ou de fédéralistes qui y croient encore) se décideront à voter, or sauf erreur au début de l'été les indépendantistes sont certes plus mobilisés mais ils restent une (forte) minorité.

Pour anticiper l'issue d'une élection, où une société civile mandate des partis, la partidologie est utile mais la sociologie est indispensable. Dans certaines régions d'Afrique le résultat des élections est tellement prévisible qu'on les convoque aussitôt conforté le coup d'État : là plus qu'ailleurs les populations ont besoin de stabilité et de sécurité, et votent donc pour celui qui vient de démontrer sa force plutôt que pour celui qui n'a pas pu cacher sa faiblesse. Le phénomène n'est d'ailleurs pas une exclusivité africaine, comme l'a montré le plébiscite d'approbation de la nouvelle constitution (de type très présidentiel) après le dernier coup d'État de Charles de Gaulle en France, en 1958. Enfin il faut compter avec le développement durant l'été du phénomène de renforcement, après les premiers sondages (ou élections dans certains cas), des options auxquelles on ne croyait pas initialement. Un cas d'école fut celui de la première puis de la deuxième élection libre et multipartite en URSS, lorsque tous ceux qui se croyaient individuellement dissidents marginaux, et n'avaient jamais osé exprimé leurs opinions intimes à leurs voisins, se rendirent compte que la majorité de leurs concitoyens pensaient comme eux.

Toutes opinions confondues, la population catalane est en majorité écrasante pour l'exercice de l'autodétermination. D'un sondage à l'autre, la proportion de ceux qui se déclarent prêts à participer au scrutin même s'il est interdit oscille entre 50 et 55% en juin, donc juste assez pour sa validité internationale. Néanmoins il est vraisemblable qu'à l'approche de la date fatidique, et notamment après le vote des lois de déconnexion fin août (et l'engagement de la nouvelle gauche au pouvoir à Barcelone), le caractère déterminant du scrutin pour le futur de la Catalogne forcera les indécis à surmonter leurs incohérences et poussera de nouvelles portions de l'électorat, notamment anti-indépendantiste, vers les urnes même en cas de déroulement illégal. Car en fin de compte, qu'on l'appelle légalité, caractère contraignant, garanties de sérieux ou dernièrement effectivité, ce qu'attendent ceux qui ne demandent qu'à voler au secours de la victoire, c'est une preuve d'irréversibilité.

Scénarios

Dans son dossier spécial du 9 juin, le *think-tank* (vase clos de réflexion) états-unien Stratfor écrit que le gouvernement espagnol a une stratégie consistant à diviser le camp indépendantiste par la pression judiciaire, un support en l'Union européenne qui menacerait de ne pas admettre une Catalogne indépendante, et un dernier recours sous la forme de la suspension de l'autonomie assortie de la prise de contrôle du gouvernement catalan par la force. Stratfor pense aussi que le gouvernement catalan n'est pas susceptible de proclamer l'indépendance avant octobre et qu'il a le choix entre premièrement abandonner ou différer le referendum ce qui amènerait sa chute et l'avènement d'un nouveau gouvernement plus radical susceptible de marcher directement à la sécession sans referendum, deuxièmement transformer comme en 2014 le referendum en consultation informelle ce qui soit retarderait tout le processus soit ferait tomber le gouvernement et renverrait au cas précédent, troisièmement confirmer le referendum qui serait alors empêché par la police espagnole ce qui renforcerait le discours indépendantiste, ou quatrièmement enfin déclarer directement l'indépendance ce qui provoquerait la suspension de l'autonomie, les déchirements et affrontements de loyautés et peut-être une intervention militaire espagnole. En conclusion Stratfor voit une déclaration d'indépendance très improbable, mais le mouvement indépendantiste pas près de s'éteindre. De toute évidence Stratfor pense en anglais dans un environnement anglophone et n'a pas d'autre lecture que celle de la confrontation de partis politiques aux orientations distinctes.

Les observateurs lucides désignent les événements qui s'annoncent comme un choc institutionnel ou un choc de trains. Le gouvernement catalan, pour sa part, est passé du slogan "*referendum ou referendum*" (il n'y a pas d'autre choix) au slogan "*referendum ou indépendance*" (s'il est interdit on fait sécession). Pour pouvoir présenter cette étude en une matrice croisant les modes d'action possible des uns et des autres il faudrait, en deux dimensions, n'avoir que deux protagonistes principaux. Faute de ce cas de figure idéal on suivra donc un développement linéaire, avec bifurcations éventuelles. On s'intéressera surtout au type de situation qui justifie la conduite de cette étude (le choc), pas aux diverses nuances de normalité que tout un chacun peut trouver dans la presse en déni de réalité.

Car alors que des voix de plus en plus nombreuses s'élèvent aux périphéries culturelles, du Pays Basque aux Baléares en passant par la Navarre, pour appeler au sauvetage de l'unité espagnole par une formule fédéraliste, encore à la mi-juillet le discours dominant à Madrid est celui de la normalité. Dans les media qui osent s'écarter un peu du discours gouvernemental selon lequel les indépendantistes catalans ne feront rien d'illégal, on expose parmi les options la suspension de la consultation par le Tribunal constitutionnel, l'ouverture par le parquet de poursuites contre ceux qui convoqueraient la consultation, la mise à l'amende ou la suspension du président de la Généralité. Le Tribunal suprême met plusieurs années (au mieux plusieurs mois) à condamner un coupable, donc puisqu'il n'a pas d'effet dissuasif (on continue de travailler à la sécession) il ne lui reste qu'un rôle punitif, inutile là où la situation exige des actions correctives immédiates. Par contre le Tribunal constitutionnel, jugeant des textes plutôt que des personnes, est bien plus rapide, et sera capable de prononcer l'anticonstitutionnalité donc l'interdiction de la convocation du referendum dans les quelques jours de sa publication (surtout qu'il l'attend). Il en est de même du

Conseil de garanties statutaires catalan, organe déconcentré de la justice centrale, qui n'a qu'un rôle consultatif mais se prononcera avant le Tribunal constitutionnel, contre les lois de déconnexion évidemment.

On parle donc aussi de l'application du fameux article 155 de la constitution, qui permet, en cas de manquement de la part d'une communauté autonome et après avoir intimé sans succès le président de celle-ci puis obtenu l'autorisation de la majorité absolue au sénat (chambre des communautés autonomes), d'adopter toutes mesures nécessaires à l'exécution des obligations et la protection de l'intérêt général de l'Espagne, en mettant toutes les autorités de la communauté autonome sous l'autorité directe du gouvernement central. Comme cela n'a jamais été appliqué en presque quarante ans d'existence de cette constitution, les discussions vont bon train parmi les profanes, quant à savoir s'il s'agirait obligatoirement d'une suspension définitive de l'autonomie ou si elle pourrait n'être que temporaire. En réalité il ne s'agit absolument pas de révoquer le statut d'autonomie ou d'en dissoudre les institutions (ce qui n'empêche pas des inhabilitations judiciaires individuelles), mais simplement de donner des ordres directement aux élus et fonctionnaires de la province concernée. Ne souhaitant pas dans le cadre de cette étude ouvrir le règlement du sénat, on retiendra simplement qu'entre la demande gouvernementale et l'autorisation sénatoriale il pourrait dans l'idéal ne passer que quelques jours (ou quelques semaines), ce qui serait bien plus rapide qu'une procédure judiciaire. Pour sa part le constitutionnaliste Jorge de Esteban estime que même en cas d'accord de toutes les parties concernées au gouvernement et au sénat, le processus itératif et délibératif de la demande prendrait de l'ordre de quatre mois. Il en conclut que le gouvernement espagnol a laissé passer le délai calendaire pour une intervention sous l'article 155…

Les réseaux sociaux espagnols (y compris ceux animés par des militaires ou des gendarmes), mais aussi certains politiciens, évoquent voire invoquent le recours aux forces armées, responsables d'après l'article 8 de la constitution de garantir évidemment la souveraineté, l'indépendance et l'intégrité territoriale, mais aussi l'ordre constitutionnel. Les réseaux sociaux, et certains media, ont diffusé l'appel solennel du journaliste controversé d'extrême-toute Josele Sánchez le 31 mai, rappelant aux militaires cette mission et leur enjoignant de choisir entre leur devoir et l'obéissance à un gouvernement passif. Enfin certains commentateurs citent aussi l'article 116 de la constitution et l'article 32 de la loi 4/1981 du 1er juin 1981, qui en cas d'acte de force contre l'ordre constitutionnel permettent de déclarer, sur autorisation parlementaire à la majorité absolue, l'état de siège sur une portion déterminée de territoire et pour une durée à définir, avec transfert de responsabilités civiles à l'autorité militaire.

Il est vrai que les décisions sont prises par les politiciens, mais en démocratie ceux-ci sont les mandataires des différents courants de la population et, en principe, font dans l'ensemble ce qui est attendu d'eux. Fin 2015 les Catalans étaient à peu près partagés au sujet de l'indépendance mais ils ont élu un parlement à claire majorité indépendantiste, qui a donc constitué un gouvernement avec un mandat clair, même si ses options tactiques sont multiples. Cet exécutif chargé d'une mission anticonstitutionnelle l'a remplie et doit, pour conclure, amener l'électorat à se mouiller par l'acte illégal que dicte la cohérence. Le referendum aura donc lieu, il sera contraignant pour la Généralité qui doit démontrer que sa légitimité porte une nouvelle légalité. Mais c'est aussi pour clarifier les flous appréhendés par une partie de la population que le gouvernement, tout en ayant élaboré une feuille de route pour la transition, sera amené à faire activer par le parlement l'une des deux clauses d'immédiateté. La transition se terminera après la rupture.

Depuis l'annonce, le 9 juin, de la date du referendum, et après son adresse aux représentations étrangères accréditées en Espagne, le ministre ou officiellement conseiller catalan pour les relations extérieures Raül Romeva, s'appuyant sur une documentation en anglais préparée depuis plusieurs années comme le Livre blanc sur la transition nationale de 2014, a intensifié une campagne d'explication tous azimuts, pour l'essentiel en Europe, comprenant entretiens avec des personnalités et entrevues devant des media, participation à des colloques, conférences dans des universités, émissions radio et télévision... Quelle que fût la riposte communicative espagnole en la matière, à quelques très rares exceptions la tonalité générale de la presse du 10 juin dans le monde entier exprimait la conviction que le referendum d'autodétermination catalan, sans l'ombre d'un doute, aura lieu le 1er octobre. S'il n'a pas lieu, c'est de l'Espagne que l'opinion internationale attendra des explications.

Les ministres espagnols ont reçu interdiction de quitter l'Espagne en août et ordre de rester joignables par téléphone portable, mais en dépit de leur propension à dénoncer un "coup d'État" on les imagine difficilement prendre des mesures préventives comme une rafle d'élus parlementaires catalans pas encore passés à l'acte. La cellule de veille et renseignement créée il y a quelques mois auprès du premier ministre ne prendra pas de congés, de manière à tenir le gouvernement espagnol informé, et à remettre des dossiers complets au Tribunal constitutionnel dès sa rentrée... avancée cette année. Celui-ci est long à rendre ses arrêts définitifs, mais la simple introduction d'une demande d'invalidation par le gouvernement produit la suspension pour cinq mois de la disposition attaquée (article 161 de la constitution).

Concrètement, on peut attendre déjà en septembre la suspension (en attente d'annulation ultérieure) de la première des lois de déconnexion votée et publiée, vraisemblablement la loi de convocation du referendum. Sur cette base le gouvernement espagnol intimera au président catalan de rappeler ces mesures, et en particulier d'annuler la convocation du referendum et d'en interrompre les préparatifs, ce dont celui-ci n'aura cure. Constatée la désobéissance de la Généralité, le gouvernement central pourra donc présenter au sénat sa demande d'autorisation d'intervenir, sous l'article 155 de la constitution, au moins pour une question de principe. Compte tenu de la composition et de l'orientation de cette chambre, et de la gravité de la situation, le gouvernement espagnol obtiendra cette autorisation (au terme de cette procédure imaginée à froid…).

La suspension provisoire de la convocation du referendum, produite par l'introduction de la demande du gouvernement devant le Tribunal constitutionnel, permettra au parquet de Catalogne (justice espagnole déconcentrée) de requérir l'action de la police catalane, les *mossos d'esquadra*, pour empêcher sa tenue. Avec un effectif de l'ordre de 17000 hommes tout compris, cette police pourrait tenter d'empêcher l'ouverture au matin du dimanche 1er octobre des 2700 écoles devant accueillir les 8000 bureaux de vote, surtout si elle n'a pas à s'occuper de Barcelone, c'est-à-dire si le gouvernement central a réussi à convaincre également la municipalité de la capitale d'interdire le vote en utilisant à cet effet la police municipale (dont les syndicats sont cependant mécontents que la municipalité anarchisante maltraite sa police). Par contre pour que le gouvernement espagnol puisse ordonner au ministère de l'éducation catalan de ne pas prêter les écoles pour le referendum, ce qui serait un sérieux handicap surtout hors des grandes villes où l'on peut toujours trouver d'autres bâtiments administratifs, il faudrait l'activation de l'article 155, et cela pousserait vers l'indépendantisme la fraction fédéraliste de l'enseignement.

De manière moins spectaculaire, moins exposée et plus efficace, la police catalane pourrait confisquer les urnes quelques jours plus tôt, avant leur distribution, voire quelques semaines plus tôt, dans les locaux de l'entreprise fabricante (mais la Généralité pourrait alors décider d'utiliser les urnes espagnoles vraisemblablement gardées dans chaque municipalité). Pour la même opération de confiscation (pas pour le bouclage des points de vote vu leur nombre), le gouvernement espagnol peut utiliser la *guardia civil*, force de police de nature militaire comparable à la gendarmerie française.

Si la *guardia civil*, totalement loyale au gouvernement central, compte près de 3400 hommes en permanence en Catalogne, elle assume des missions aussi variées que la gendarmerie française, tant de police rurale que de circulation, sécurité, police judiciaire et secours spécialisés. En termes de forces de maintien de l'ordre de deuxième catégorie, ou police anti-émeutes comme on les désigne dans d'autres pays, elle dispose au niveau national de huit unités de la taille d'une compagnie républicaine de sécurité[39] voire de deux escadrons de gendarmerie mobile, dont une stationnée en Catalogne. Lors de la consultation

---

[39] Le système républicain français de contrôle des mouvements populaires est parmi les plus complets, même comparé à des États policiers comme l'URSS (après la dissolution des milices politiques soviétiques la Russie demanda l'aide de la France pour copier son système) ou les États-Unis, qui mobilisent leur "garde nationale" militaire pour tout événement.

de 2014 elle avait vraisemblablement déployé quatre de ces unités (800 hommes), et lors des élections de 2015 trois. La police nationale espagnole dispose au niveau national de onze unités anti-émeutes équivalentes, dont une unité d'intervention de 200 hommes à Barcelone, qu'elle avait presque triplée lors des deux occasions précédentes. Dans un cas de figure maximal, et compte tenu de l'impossibilité de dégarnir les îles ou les enclaves d'Afrique, on ne pourrait pas déployer plus de six unités de chacun de ces deux types, soit un effectif total de 2500 hommes ce qui permettrait essentiellement de sécuriser face aux mouvements de foule les emprises nationales comme la délégation du gouvernement espagnol (sorte de préfecture de région à vocation représentative), quelques administrations et les commissariats de la police nationale.

On peut donc considérer que c'est la réponse du commandement des *mossos d'esquadra* qui déterminera la suite des événements. Bien que devant exécuter toute réquisition judiciaire espagnole, c'est une force payée par le gouvernement catalan, et surtout de recrutement régional. Si son commandement décide d'obéir à l'État espagnol en agissant contre son employeur la Généralité, il peut ne pas être suivi par la base. L'ancien ministre de l'Intérieur Jordi Jané ayant, comme quatre autres membres du gouvernement, démissionné le 14 juillet suite à ses doutes sur l'issue du processus de sécession (et donc ses réticences à un engagement sans retenue), son successeur Joaquim Forn à peine nommé a immédiatement assuré que les *mossos d'esquadra* auront la claire mission de sécuriser le déroulement du referendum. Trois jours plus tard il accepta la démission de son subordonné le directeur de la police catalane Albert Batlle, fameux pour avoir déclaré en février que si un juge demandait l'arrestation du président de la Généralité ou de la présidente du parlement il donnerait les ordres correspondants, et donc remplacé le 17 juillet par Pere Soler, indépendantiste sans états d'âme.

De toute évidence, si le commandement des *mossos d'esquadra* décide de désobéir à une réquisition de la justice espagnole, plus rien ne semble en mesure d'empêcher la tenue du referendum. Face à cette défection caractérisée, l'électorat et les partis politiques comprendront d'une part qu'un point de non-retour institutionnel a été atteint, et d'autre part que le gouvernement espagnol a *de facto* perdu le contrôle de la Catalogne. Les anti-indépendantistes convaincus se mobiliseront en masse, tandis que les indécis et les incohérents (séparatistes légalistes) voteront pour réduire l'incertitude et faciliter la transition inéluctable.

On a mentionné plus haut les appels à l'envoi ou au déploiement de l'armée espagnole. Hormis les quelques états-majors et organismes centraux présents à Barcelone, et l'école de sous-officiers de Tremp (Lérida), la principale force militaire est le 62° régiment d'infanterie, rattaché à la 1ère brigade désormais polyvalente à la mode française, basée en Aragon. Ce régiment, jusqu'à récemment troupes de montagne et en cours de transformation en régiment d'infanterie mécanisé, comprend un bataillon sur véhicules de combat d'infanterie ASCOD/Pizarro à Saint-Clément Sescebes et un bataillon sur véhicule de transport de troupes M113 à Barcelone, représentant chacun l'équivalent d'un régiment français à quatre compagnies. À moins qu'il existe une modalité de mise à disposition de leur personnel sur réquisition d'une autorité civile, leur seul usage militaire en unités constituées pourrait être la protection d'un quartier (siège de la délégation du gouvernement espagnol par exemple) ou la prise de contrôle du palais de la Généralité et du palais du parlement, mais après semble-t-il mise en œuvre de l'état de siège, ou coup d'État militaire à Madrid. Budgétairement abandonnées les forces armées ne sont plus opérationnelles mais les officiers généraux inquiets qui se réunissent secrètement depuis octobre 2012 pourraient être révoltés par l'éclatement de l'Espagne.

L'état d'alarme (limité à quinze jours prorogeables) répondant à une catastrophe renforce les pouvoirs de la communauté autonome concernée, et l'état d'exception (limité à trente jours prorogeables) répondant à une rupture de la normalité institutionnelle ne comprend pas de transfert de compétences civiles à une autorité militaire, tandis que l'état de siège répondant à une insurrection ou une action de force contre l'intégrité territoriale ou l'ordre constitutionnel transfère toute l'autorité à un commandement militaire dépendant directement du gouvernement central. Aussi une demande gouvernementale de déclaration de l'état de siège par le parlement annoncerait le recours à la force militaire. Considérant que la méthode du capitaine José Inácio da Costa Martins à l'aéroport de Lisbonne ne fonctionne pas toujours, le meilleur moyen de neutraliser ces deux bataillons serait alors la méthode des gens polis de Crimée, à savoir qu'une foule les encercle préventivement avant qu'ils ne sortent de leurs casernes. Au-delà de ces deux bataillons stationnés en Catalogne, toute velléité d'acheminement (ou d'aéroportage) de moyens militaires par l'Espagne justifierait une interposition étrangère d'urgence, à entreprendre donc nécessairement par la France.

Car par contre, les derniers projets militaires présentés par le secteur associatif séparatiste catalan en 2015 consistaient en la création d'une défense aérienne et côtière symbolique et d'un bataillon interarmes de 600 hommes, à quadrupler sous quinze ans, tandis que le premier projet de constitution était sans forces armées. C'est évidemment incompatible avec l'ambition d'entrer dans l'OTAN mais le gouvernement actuel ne peut aborder cette question taboue devant ses partenaires antimilitaristes, et est foncièrement lui-même non-violent. Avant même de devoir enrayer la fuite des jeunes rêveurs d'héroïsme vers l'armée espagnole ce gouvernement devra pourtant, dans quelques mois, décider du sort de la cinquantaine de cercueils chenillés de Barcelone et de la quarantaine de véhicules de combat d'infanterie modernes de Saint-Clément, et peut-être de leurs équipages et accompagnateurs ralliés. Et il sera aussi vite submergé par les propositions concrètes de 1500 à 2000 officiers catalans désireux de quitter l'armée espagnole.

Il est difficile de croire qu'un gouvernement qui a tout préparé jusqu'aux moindres détails dans tous les domaines n'ait pas envisagé une défense minimale de ses institutions et de leur personnel, sans parler de la population. On prétend bien ne pas savoir qui était le destinataire des 12000 armes remilitarisées dont 10000 fusils d'assaut, plusieurs mitrailleuses antiaériennes et des centaines d'obus pour des mortiers non présents, dans les lots manifestement incomplets saisis au nord de l'Espagne (partiellement en Catalogne) le 12 janvier 2017. Cependant la version officielle du marché noir du banditisme ne résiste pas à la réflexion, comme on l'a démontré les 15 janvier et 17 mars, et rappelait la fragilité des explications sur la prétendue destination extra-ibérique des 20000 tenues de combat neuves saisies en février 2016. Le passeur d'ordre était selon toute vraisemblance une institution importante, et si c'était la commande principale (à laquelle manquaient cependant les mortiers) elle a dû être remplacée depuis lors.

Par approche directe discrète ("chasse de têtes") il est facile de trouver la vingtaine de servants de mortiers et chefs de pièces nécessaires au marquage de la frontière sur les ponts de l'A2 sur la Noguera Ribagorçana et de l'E15 sur la Senia, et la demi-douzaine de servants de mitrailleuses 12,7 nécessaires à la prévention d'une opération héliportée sur le palais de la Généralité et sur le palais du parlement. Mais il ne sera pas possible de débaucher les milliers de sous-officiers et soldats catalans de l'armée espagnole avant que l'indépendance ne soit indiscutablement assurée, et il est impossible de dispenser plusieurs mois de formation militaire à une armée de 10000 soldats soit 13000 hommes au total sans que cela se remarque. Donc si l'armement dont une livraison a été interceptée en janvier et l'habillement dont une livraison avait été interceptée un an plus tôt étaient destinés à la Catalogne, les trois brigades que cela représente n'existent pas encore.

Nonobstant, le choix de CETME-L rutilants et de treillis neufs plutôt que de Kalachnikov (moins cher et plus simple) et vieux stocks annonçait une opération de communication plutôt que de combat. En ce sens il suffirait d'en équiper, un beau matin (après quelques répétitions nocturnes), les *mossos d'esquadra* qui arborent déjà une hiérarchie, une discipline et un cérémonial quasiment militaires. En cela aussi la collaboration de cette institution sera déterminante. En net contraste avec les bandes d'irréguliers en Kalachnikov du tiers-monde, l'apparition de milliers de (policiers déguisés en) soldats en uniforme neuf et fusil d'assaut moderne défilant martialement au pas cadencé au journal de 20h00 de la TVE aurait un effet tellurique sur l'opinion publique espagnole, qui pourrait exiger l'ouverture immédiate des négociations[40].

Pour mémoire, les gouvernements des pays de la CEE firent cacher les images impressionnantes des milices islamistes défilant en qamis blancs dans les villes de Bosnie et Herzégovine le 4 avril 1992 (unités officiellement créées

---

[40] La perte des 20% de PIB apportés par la Catalogne fera bondir la dette espagnole de 100% à 125% du nouveau PIB, la dégradant en catégorie risquée, l'écartant des marchés financiers, gonflant les taux d'intérêts, compromettant les objectifs de stabilité et rameutant les prescripteurs de rigueur uniopéens et mondiaux, aussi l'Espagne acceptera le partage du fardeau que la Catalogne proposait en cas de sécession négociée.

ce jour-là), mais reconnurent unanimement l'indépendance de la province (déclarée le 3 mars) le surlendemain même. Les réflexions qui précèdent ne sont certes que spéculation, car il circule des hypothèses plus inquiétantes quant à l'identité du proto-état qui avait commandé les 20000 tenues et les 10000 fusils d'assaut saisis en 2016 et 2017… soit de quoi équiper l'équivalent de la moitié de l'infanterie espagnole ou française actuelle.

Pour marquer la date et les esprits et précipiter l'ouverture des négociations, lorsque le gouvernement catalan aura décidé que c'est le moment il devra effectuer une action symbolique. Un mouvement bien plus aisé que celui de la Slovénie en son temps serait la prise de l'unique poste frontière de la péninsule ibérique au nord de la Línea de Gibraltar, celui de la Farga de Moles. Lorsque le monde entier, à commencer par Andorre, verra le drapeau espagnol être ramené et le drapeau catalan être hissé à sa place, il sera évident non seulement qu'une nouvelle entité politique a assumé la possession effective (élément constitutif de la propriété) d'une partie de l'ancien territoire espagnol, mais également que cette entité est un acteur international donc un sujet de droit international. Selon la convention de Montevideo, il s'agit alors d'un État, quel que soit le nombre de pairs qui le reconnaissent. Et Andorre, obligée de collaborer avec quiconque tient le poste frontière afin de ne pas retomber dans la liste grise de l'OCDE des pays non coopératifs dans la lutte contre le blanchiment, reconnaîtra l'autorité frontalière de la Catalogne dès le départ ou le changement de casquette des douaniers espagnols. Ce poste est stratégique et l'Espagne ne pourra pas le défendre contre, si nécessaire, un assaut du groupe spécial d'intervention des *mossos d'esquadra*.

Un moment important de tout ce processus, bien que l'on ignore encore si la constatation de l'indépendance prendra place avant ou après le referendum, sera la *Diada* ou fête nationale du 11 septembre. Celle de 2013 avait mobilisé un quart de la population catalane sur une chaîne humaine de 400 kilomètres encadrée par un service d'ordre de 30000 volontaires. De telles foules devraient être capables de sécuriser leurs bureaux de vote, et de forcer la reconnaissance internationale des résultats du referendum. Il se dit même que les associations indépendantistes préparent une mobilisation de trois semaines sur le modèle des "indignés" qui firent la une des journaux du monde entier en occupant la Porte du Soleil à Madrid du 15 mai au 12 juin 2011. Épargnant le centre-ville pour ne pas gêner la vie économique, une occupation populaire du parc de la Citadelle, de la *Diada* du 11 septembre jusqu'au referendum du 1er octobre, apporterait l'avantage secondaire de protéger le palais du parlement catalan. Mais surtout cela serait un formidable aimant pour la presse mondiale, et une dissuasion de toute tentative d'action de force espagnole. Comme le dit le 20 juin 2017 Jordi Cuixart, président de l'association Òmnium, *"l'indépendance se gagne dans les urnes mais elle se défend dans la rue"*.

IRRÉALISATION

Émancipation institutionnelle

Les projets des lois de rupture, ou deux principales lois dites de déconnexion, ont été introduits au parlement catalan à presqu'un mois d'intervalle.

Celui concernant l'organisation du referendum d'autodétermination a été déposé le 31 juillet, par modification sans préavis de l'ordre du jour (permise par l'article 81 du règlement du parlement), et n'a apporté aucune surprise par rapport au projet présenté oralement le 4 juillet devant la plus grande concentration de presse internationale jamais vue à Barcelone. On avait alors remarqué son article 2, qui proclame que le peuple de Catalogne est un sujet politique souverain, ce qui constitue déjà en soi une déclaration de souveraineté. Son article 3, chargeant le parlement catalan de représenter la souveraineté du peuple catalan et établissant un régime juridique d'exception, édicte que parce qu'elle régule l'exercice d'un droit fondamental et inaliénable cette loi prévaut hiérarchiquement sur tout texte qui puisse entrer en conflit avec elle. Et son article 4 oblige le parlement catalan à déclarer l'indépendance dans les deux jours de la proclamation de la victoire du Oui au referendum, le cas échéant. Ce projet de loi a été soumis au vote parlementaire dès le premier jour de la session plénière, et voté le 6 septembre (loi 19/2017) à la majorité absolue, sans vote contre puisque les unionistes ont préféré s'abstenir en quittant l'hémicycle. Dans les minutes suivant sa publication électronique au bulletin officiel du parlement (à minuit), le gouvernement catalan a pris le décret 139/2017 de convocation du referendum pour le 1er octobre, soit un seul article signé par tous les membres du gouvernement, et le décret 140/2017 sur les règles complémentaires d'organisation, consistant en 108 pages (formulaires divers inclus) et qui été signé simplement par le président et le vice-président.

Comme prévu, le lendemain le gouvernement espagnol a introduit une requête au tribunal constitutionnel contre la loi et ses décrets, ce qui les a automatiquement suspendus pour cinq mois (la cassation pour anticonstitutionnalité peut prendre plus longtemps)... au regard du droit espagnol. C'est évidemment pour cela que cette loi catalane (19/2017) suprême à caractère exceptionnel se réclamait du droit international, et citait en son préambule quelques textes (d'ordre supérieur au constitutionnel), signés et ratifiés par l'Espagne, garantissant l'exercice de l'autodétermination, droit fondamental et inaliénable qu'aucun texte constitutionnel, législatif et à plus forte raison judiciaire ne saurait interdire. Cette invalidation à l'avance, par le droit international, des mesures espagnoles d'interdiction, était nécessaire pour couvrir les activités de préparation du referendum, et rassurer les autorités locales impliquées.

En son fameux avis 2010/25, que Raül Romeva connaît vraisemblablement par cœur, la Cour Internationale de Justice estime qu'un acte n'a "*pas violé le cadre constitutionnel*" (et encore moins le droit international) s'il n'est pas destiné à prendre effet "*dans le cadre de l'ordre juridique*" antérieur, et s'il est clairement établi que ses auteurs n'agissaient pas "*dans les limites du cadre constitutionnel*", ce dont le meilleur indice est que l'acte ait été pris selon des modalités ne s'inscrivant pas dans ledit cadre juridique. Ce point est suffisamment important pour que la Cour Internationale de Justice y insiste, alors qu'elle ne se penche pas par exemple sur la question de la légitimité populaire des proclamateurs d'indépendance, dont elle n'exige ni qu'ils aient été élus par le peuple concerné, ni qu'ils aient été expressément mandatés pour proclamer l'indépendance, ni qu'ils soient majoritaires, ni qu'ils s'appuient sur les résultats d'un referendum, quatre point sur lesquels les députés catalans indépendantistes majoritaires avaient une légitimité populaire que n'avaient pas les irrédentistes de la diaspora albanaise en Serbie dont l'avis 2010/25 de la CIJ reconnaît la proclamation d'indépendance.

Or lorsque l'opposition unioniste a demandé que le projet de loi sur le referendum soit présenté pour avis consultatif au conseil de garanties "statutaires" (constitutionnelles) de Catalogne, ce qui aurait retardé le vote d'un mois et donc fait dépasser la date du 1er octobre annoncée début juillet pour le referendum, les députés de la majorité indépendantiste ont refusé et sont passés au vote. Ce faisant, les séparatistes sont passés outre les règles de fonctionnement du parlement, et sont dont effectivement sortis du cadre constitutionnel espagnol, comme requis par la Cour Internationale de Justice.

Quant au projet de loi de transition juridique et de fondation de la république, il a été déposé le 28 août. Le gouvernement catalan souhaitait le maintenir secret plus longtemps, car c'est la pièce majeure des lois de rupture, mais des parlementaires voulaient que l'électorat connaisse dès que possible l'enjeu et les conséquences irréversibles du referendum, afin de limiter l'abstentionnisme. Comme l'avait assuré le gouvernement catalan fin mai, le texte définitif est assez différent de la version diffusée par le journal madrilène El País le 22 mai. On y remarque la volonté de négocier un traité avec l'Espagne, tant pour la question de nationalité que pour la succession des administrations et le transfert des fonctionnaires. En matière d'incorporation des fonctionnaires et magistrats l'interprétation donnée par El País était erronée (nécessité de concourir pour conserver son poste) et celle donnée par Stratediplo est confirmée, à savoir titularisation immédiate pour ceux en fonction en Catalogne et possibilité de concourir pour tout Espagnol en service ailleurs.

Le lendemain de l'introduction du projet de loi la presse étrangère, préférant largement reprendre un communiqué désinformateur de l'AFP plutôt que lire les quarante-cinq pages du projet de loi, assurait et commentait que d'après le texte la Catalogne "prendrait immédiatement le contrôle de ses frontières" en cas de victoire indépendantiste au referendum, alors que le texte ne mentionnait nulle part le contrôle des frontières. Ce mensonge français n'ôte cependant aucune pertinence aux réflexions que l'on a apportées plus haut au sujet du poste frontière de la Farga de Moles.

Cependant la différence essentielle entre le brouillon diffusé par El País en mai et le projet de loi du 28 août sont les dispositions finales, concernant les cas et modalités d'entrée en vigueur de cette loi de transition juridique et de fondation de la république. Le brouillon prévoyait l'entrée en vigueur automatique de la loi dès la proclamation des résultats positifs du referendum, mais aussi l'entrée en vigueur immédiate de la loi si le parlement catalan constatait l'empêchement de tenir le referendum, transcription concrète de ce que les partis indépendantistes appelaient depuis deux ans la "clause anti-blocage", et que le président catalan résumait par le slogan "referendum ou indépendance". Cette clause a disparu, vraisemblablement par souci de respectabilité internationale mais peut-être aussi parce que fin août il était clair que l'État espagnol ne pouvait plus empêcher la tenue du referendum. Néanmoins, la loi permettant expressément sa modification par majorité absolue, il restait possible, en cas d'empêchement du referendum, d'en changer les conditions d'entrée en vigueur.

La loi de transition juridique et de fondation de la république catalane ne prévoyait donc finalement qu'un seul mode d'entrée en vigueur, la déclaration formelle d'indépendance par le parlement dans les deux jours de la proclamation du résultat positif du referendum. La loi de transition juridique et de fondation de la république a été votée le 8 septembre (loi 20/2017). C'est un texte de nature constitutionnelle provisoire à entrer en vigueur différée et conditionnelle, en l'occurrence "*une fois exécuté l'article 4.4 de la loi du referendum d'autodétermination*", c'est-à-dire la déclaration formelle d'indépendance consécutive à la proclamation de la victoire du oui au referendum. Elle a également été votée à la majorité absolue, dans les mêmes conditions que la loi 19/2017, puis également suspendue (le 12 septembre, record de rapidité) par le tribunal constitutionnel, sur requête du gouvernement espagnol.

Enfin la loi 20/2017 prévoyait un referendum ultérieur de ratification de la future constitution définitive. Cette disposition avait été annoncée depuis un an et demi par les constitutionnalistes catalans travaillant sous la direction de Carles Viver i Pi-Sunyer sur tous ces instruments juridiques, et figurait dans la feuille de route lorsque le processus ne prévoyait pas de referendum sur l'indépendance puisque l'électorat avait clairement donné mandat de sécession au parlement en y élisant une majorité indépendantiste le 27 septembre 2015. Lorsque le gouvernement a proposé de rajouter au processus un referendum sur l'indépendance, pour renforcer encore la légitimité (et donc faciliter la reconnaissance internationale) de la sécession, on n'a pas remis en question l'opportunité d'un referendum sur la future constitution, question totalement distincte. De nombreuses indépendances ont été proclamées (voire improvisées) bien plus sommairement, comme par exemple toutes celles d'Amérique il y a deux siècles et la plupart de celles d'Afrique il y a un demi-siècle (aujourd'hui la moitié des déclarations d'indépendance ne sont pas précédées de referendum), et par des autorités plus contestables et moins démocratiquement légitimes, comme par exemple celle justifiée dernièrement par la Cour Internationale de Justice.

Comme pour montrer qu'il travaillait déjà sur les sujets à soumettre à l'assemblée constituante, le président catalan avait, dès le lendemain du dépôt du projet de loi, remis sur la table la nécessité de la refondation d'une armée catalane, et pas seulement défensive mais aussi capable de contribuer à une alliance, alors qu'il savait que cela ne pouvait que relancer la dispute avec le vice-président et toute la gauche antimilitariste. S'il relançait cette querelle, au moment où la coalition contre nature approchait de la fin du mandat de sécession qui lui avait été confié en janvier 2016, c'était bien sûr pour séduire l'Union Européenne, mais peut-être aussi parce qu'il pressentait l'urgence de capacités militaires.

Depuis le 9 juin toute la presse mondiale (hors Espagne) tenait et présentait pour acquis qu'un referendum se tiendrait en Catalogne le 1er octobre, et le 7 septembre elle se fit largement l'écho du vote de la loi référendaire (et de souveraineté) 19/2017 et du décret 140/2017 d'organisation. Par contre la presse espagnole de ce jeudi 7, pourtant beaucoup plus au courant (théoriquement) de la question et plus aux détails du feuilleton politico-judiciaire du printemps et de l'été, affichait en quasi-totalité un ton d'incrédulité, et même de stupeur. Soit elle avait vraiment cru au discours de déni du premier ministre espagnol et au vœu de silence du roi, et conclu que quelques menaces verbales et condamnations judiciaires suffiraient à interrompre le programme officiel et transparent des autorités catalanes, soit elle avait reçu injonction d'endormir le public, puis de soutenir la feinte de surprise du gouvernement central. Apparemment, à force d'arguments et de controverses sur le fond (le séparatisme), la presse espagnole avait perdu la lucidité de noter les actes concrets (la préparation du referendum). Et au moment où le gouvernement central déposait ses dossiers préparés à l'avance devant le tribunal constitutionnel, le grand public espagnol était sidéré que la Catalogne ait convoqué le referendum interdit, et ignorait qu'elle venait même, très explicitement, de proclamer sa souveraineté.

Les amendes donquichottesques imposées aux membres de la commission électorale n'ont produit que son auto-dissolution (simple passage temporaire à la clandestinité), les assesseurs et présidents de bureaux de vote tirés au sort pouvaient être remplacés en cas de besoin, et en dépit des saisies dans les imprimeries le bulletin de vote était disponible sous format électronique pour impression à domicile. Les urnes, cette Arlésienne dont certains doutaient de l'existence, fabriquées en Chine et reçues en France, ont été médiatiquement présentées l'avant-veille du scrutin par le président Puigdemont, pour convaincre les dubitatifs de ne pas s'abstenir. En effet le gouvernement catalan était certain de la victoire du Oui mais incertain d'avoir un taux de participation significatif, surtout qu'une centaine de municipalités ne permettraient pas à leurs résidents de voter, et qu'un certain nombre de gros bureaux seraient certainement bloqués par les forces espagnoles, qui pouvaient aussi se livrer à quelques actions répressives d'intimidation dans la nuit du 30 septembre.

Aussi le gouvernement catalan s'était-il finalement rangé aux recommandations de la Commission de Venise, à savoir que seul importait le résultat et qu'il ne fallait pas fixer de seuil de participation minimale. De toute façon même en cas de participation réduite, ou d'incident majeur de dernière minute, à ce stade ultime l'indépendance pourrait être prise dans la rue par la Révolution des Sourires, conduite comme toutes les révolutions par une minorité mais ensuite diffusée par les médias, qui préfèrent toujours filmer une manifestation bruyante de dix mille activistes plutôt que les toits d'une ville endormie de cent mille légalistes.

On ne reviendra pas ici sur le déroulement et les résultats du referendum du 1er octobre, qui ont été largement diffusés par la presse du monde entier.

L'étape suivante, qui ne figurait pas dans la feuille de route mais revêtait une extrême importance pour le gouvernement catalan, était l'ouverture sous médiation extérieure de négociations avec l'Espagne, que le président Puigdemont voulait (illusoirement) engager avant la proclamation de l'indépendance (à laquelle la gauche voulait procéder immédiatement et sans conditions), raison pour laquelle on a retardé autant que possible la proclamation des résultats par la commission électorale, puis la séance plénière du parlement. Plusieurs pays européens ont "appelé de leurs vœux" une négociation mais sans faire de proposition concrète avant l'officialisation de la sécession. Le Parlement européen a demandé à la Commission de nommer un médiateur, mais celle-ci refusait d'intervenir avant la déclaration de l'indépendance, comme le Vatican qui prépositionnait cependant ses pions, en l'occurrence deux autorités religieuses catalanes proches du Saint-Siège.

Finalement il semble que tous les avis notamment uniopéens (l'Espagne restant silencieuse) aient convergé vers l'autorité la plus qualifiée, en l'occurrence le père spirituel de la doctrine en vigueur à l'Union Européenne concernant ce qu'on appelle maintenant un "élargissement interne". Ancien président de la Commission européenne, ancien premier ministre italien et bon connaisseur de la Catalogne, ce médiateur pressenti ne pouvait cependant pas, lui non plus, accepter officiellement de mener la médiation tant qu'elle n'avait pas lieu d'être, c'est-à-dire tant que la Catalogne n'avait pas déclaré sa séparation de l'Espagne.

Comme on l'a révélé le 5 octobre[41], le président Puigdemont voulait un tout autre arbitre entre les gouvernements espagnol et catalan, ce qui explique le ton de sincère déception de sa réponse au discours de Felipe VI du 3 octobre. Il espérait au minimum que le roi impose voire préside la négociation sur les termes concrets de l'inévitable séparation entre les deux États, ce qui aurait facilité une transition étatique en douceur. S'il s'est longtemps opposé à l'inscription du mot "république" dans la question du referendum, c'est qu'en fin politologue il aspirait pour la Catalogne à un régime plus stable que les tristes exemples qui se succèdent depuis deux siècles outre-Pyrénées, ou que la sanglante aventure d'il y a un siècle outre-Ribagorçana. Au contraire il citait parfois l'exemple des pays comme le Canada, l'Australie et la Nouvelle-Zélande qui avaient pris leur indépendance tout en conservant le même roi que leur ancienne métropole le Royaume-Uni. Or, tandis que la reine d'Angleterre n'a pas d'origines australiennes, le roi des Espagnes est, par sa couronne d'Aragon et par la succession dynastique (non interrompue entre Habsbourg et Bourbon puisque Philippe V était arrière-petit-fils de Felipe IV), l'héritier des princes de Catalogne, d'ailleurs accessoirement Felipe VI parle le catalan. La restauration

---

[41] http://stratediplo.blogspot.com/2017/10/catalogne-nier-la-realite-ne-la-change.html

de l'ancienne principauté de Catalogne aurait apporté continuité et légitimité historiques au nouvel État...

Tenu par ses engagements électoraux et obligé par la loi référendaire et de souveraineté, le parlement catalan a signé le 10 octobre la déclaration d'indépendance (voir en annexe), tout en se livrant à l'acrobatie de ne pas la proclamer formellement, et d'en "suspendre les effets", afin de laisser une dernière chance d'ouverture de négociations. Cette déclaration d'indépendance a finalement été proclamée le 27 octobre.

Reconnaissance internationale

Afin de préserver le traité tacite de non-prolifération étatique évoqué plus haut, même les grandes puissances dépourvues de province aux penchants séparatistes ont préféré jouer la retenue ("c'est une affaire intérieure à l'Espagne") et ne souhaitaient pas reconnaître l'indépendance de la Catalogne avant qu'elle ait été déclarée et imposée. Cela n'a pas empêché certains pays moyens, en Europe notamment, même parmi ceux qui prétendaient la cécité au printemps et ont feint la surprise à l'automne, de se saisir de la question voire de la porter devant le Conseil de l'Europe, le Parlement européen et l'OSCE, au lendemain du referendum marqué par la violence policière espagnole. À ce sujet-là on doit préciser qu'il s'agissait de violence très relative, comparable à ce qu'on observe dans tous les pays lors de la répression de manifestations interdites, et sans aucune mesure par exemple avec celles qui seraient commises quelques années plus tard contre les Gilets Jaunes (une mutilation par manifestation) au point d'entraîner la condamnation de l'exécutif français par toutes ces assemblées et instances soucieuses du respect des droits de l'homme.

Surtout, comme on l'a vu plus haut, plusieurs pays européens membres ou pas de l'Union, ainsi que le Parlement européen, ont appelé à une médiation, le président dudit Parlement allant jusqu'à demander expressément à la Commission de nommer un médiateur, ce qui était un peu précipité en l'absence de demande ou d'acceptation de la part de l'Espagne. Tout cela est très significatif, sachant que le droit international (et les conventions européennes comme les accords d'Helsinki) interdisent de s'immiscer dans les affaires internes d'un

État souverain, et donc d'établir des relations directes avec l'un de ses composants comme un parti, une faction ou une province. Invoquer une médiation, c'est faciliter des négociations donc identifier deux (ou plus) parties. C'est reconnaître comme interlocuteur un acteur infraétatique, et l'asseoir en face de l'État souverain qui s'exprimait jusque-là pour lui à l'international. Une médiation, ça annonce une conférence de la dernière chance avec un nom qui s'ajouterait à l'odieuse liste des séances d'ultimatum comme Rambouillet, Ohrid et Marcoussis. Ce n'est pas un appel à laver son linge sale en famille, ou, comme les puissances occidentales peu diplomates le font si souvent, un "appel à la modération" lancé au gouvernement de l'État concerné. Une proposition de médiation, c'est un début de reconnaissance des différentes factions concernées.

Un autre événement notable est l'absence d'appel à ne pas reconnaître la validité ou le résultat du referendum. Car à peine trois ans et demi plus tôt, en mars 2014, l'Union Européenne, ses membres et les États-Unis, avaient expressément demandé à l'avance aux organisations internationales, en premier lieu à l'ONU, de ne pas reconnaître le referendum d'autodétermination de la Crimée (et de Sébastopol). Ces dénis de démocratie et de droit d'autodétermination avaient été répétés à l'envi, par ces puissances non consultées, non concernées et non autorisées, sur tous les tons et toutes les ondes dès que la Crimée nouvellement indépendante avait annoncé son referendum. Pour mémoire, la Crimée avait constaté son indépendance le 11 mars 2014 suite à l'abrogation le 22 février de la constitution ukrainienne du 28 juin 1996 par laquelle elle avait renoncé à sa propre constitution du 5 mai 1992. Montrant qu'ils étaient moins opposés à la division de l'Espagne qu'à la réunification de la Russie, les partenaires européens et atlantiques de l'Espagne si vociférateurs trois ans plus tôt ont, à l'unisson, produit l'assourdissant silence de s'abstenir de condamner le referendum d'autodétermination catalan ou d'appeler à ne pas le reconnaître, ce qui par contraste est saisissant de la part de puissances cette fois concernées car liées de diverses manières à l'Espagne, voire directement voisines.

Aussi personne ne fut surpris que le 13 septembre les États-Unis d'Amérique annonçassent, par la voix du porte-parole du ministère des affaires étrangères Heather Nauert, qu'ils reconnaîtraient le résultat du referendum et travailleraient avec toute entité qui en naîtrait. Le même jour la Hongrie, par la voix du porte-parole gouvernemental Zoltán Kovács, a également annoncé reconnaître d'avance le résultat et respecter le souhait des gens. Et le lendemain 14 l'Union Européenne, par la voix du président de la Commission Jean-Claude Juncker, a fait une déclaration similaire, à savoir que la Commission européenne respecterait le choix des Catalans. Il serait fastidieux de toutes les citer, mais à partir de ce moment-là les déclarations de reconnaissance du futur résultat se sont multipliées.

De toute évidence les premières reconnaissances étrangères de la souveraineté de la Catalogne, et on ne parle pas ici de celles intéressées par la réciprocité (Abkhazie, République Sahraouie ou régime d'occupation de Kossovo et Métochie), n'auraient pas tardé après la proclamation de l'indépendance, et certains pays s'y sont même activement préparés.

Exemple significatif, car troisième pays le plus peuplé au monde, membre permanent du conseil de sécurité de l'ONU et alors encore première puissance économique, les États-Unis ont nommé le 4 octobre, pour l'Espagne et Andorre, un nouvel ambassadeur dont le profil vise manifestement une future ambassade en Catalogne (et Andorre). En remerciement de ses financements de campagne électorale l'homme d'affaires Richard "Duke" Buchan, dépourvu d'expérience diplomatique et relativement jeune pour des fonctions d'ambassadeur, espérait une ambassade en Argentine ou en Uruguay. Car en Europe, dans les pays membres de l'OTAN et où les États-Unis ont une présence militaire, ils nomment habituellement des diplomates expérimentés. Pourtant le président Donald Trump a nommé Richard Buchan ambassadeur en Espagne.

Mais il est vrai qu'un ambassadeur en poste en Espagne et non-résident pour Andorre peut facilement s'absenter de Madrid et traverser la Catalogne sans attirer l'attention du gouvernement espagnol, que ce soit pour y collecter du renseignement ou pour y établir des réseaux. Buchan, rare Étatsunien et vraisemblablement seul diplomate ou haut fonctionnaire étatsunien à parler catalan, a étudié à Valence, dans une région qui n'appartient certes plus à la Catalogne mais en a fait partie pendant près d'un millénaire, et où l'activisme linguistique catalan est singulièrement dynamique. Il y a certainement repris contact avec d'anciens condisciples et professeurs.

Or les États-Unis savent bien qu'après la sécession de la Catalogne leur ambassadeur à Madrid aurait des difficultés pour servir Andorre, dès lors non frontalière de l'Espagne et séparée par un pays ennemi de celle-ci (la Catalogne) ce qui laisse présager d'une frontière initialement tendue. Au contraire il serait facile à un ambassadeur basé à Barcelone de servir Andorre, enclavée entre la Catalogne et la France, plus proche sur le plan culturel et politique de la Catalogne que de l'Espagne, et de surcroît officiellement catalanophone. Il serait très facile de trouver un ambassadeur plus adéquat pour servir en Espagne, mais il est certainement impossible de trouver un Étatsunien plus idoine que Duke Buchan pour servir comme ambassadeur en Catalogne. De plus son profil d'entrepreneur et d'investisseur en fait l'homme idéal pour une ambassade dans un nouveau pays à l'économie dynamique, alors que l'ambassade en Espagne requiert plutôt un *chibani* chevronné en coopération militaire. De toute évidence, en nommant Buchan, qui maîtrise le catalan, comme ambassadeur en Espagne, les États-Unis le préparaient à ouvrir plus tard une ambassade en Catalogne, où ils l'auraient transféré. L'ambassade non résidente en Andorre aurait alors été confiée à l'ambassadeur en Catalogne au lieu de celui en Espagne.

En tout cas la nomination de Buchan était un clair signal de l'intention étatsunienne de reconnaître assez rapidement la Catalogne et d'y ouvrir une ambassade. Annoncée le 4 octobre, trois jours après le referendum, cette nomination témoigne de plusieurs mois de travaux préparatoires au sein du ministère des affaires étrangères étatsunien. Ce genre de choses ne s'improvise pas, et l'affectation d'un ambassadeur (qui plus est un nouveau dans le corps diplomatique) le 4 octobre signifie qu'il avait été avisé suffisamment tôt pour se préparer pendant l'été, donc que le renseignement avait rendu ses conclusions avant l'annonce solennelle de la tenue du referendum (4 juillet). Un tel mouvement est nécessairement précédé d'études stratégiques sur la probabilité d'une sécession et la viabilité d'une indépendance, sur les avantages et les risques (crise avec le pays amputé) d'une reconnaissance, sur l'opportunité d'une reconnaissance rapide ou d'une attente prudente. Il implique aussi l'identification de compétences ("chasse de têtes" en amont de l'approche directe), notamment lorsque, comme en l'occurrence, des connaissances linguistiques rares sont souhaitables, et la constitution d'abord d'un cellule de veille (renseignement), puis d'une équipe diplomatique, et enfin de réseaux relationnels locaux.

C'est d'ailleurs dans la même optique, et pour éviter que la France premier voisin se fasse doubler à sa porte par une puissance plus lointaine mais plus réactive, qu'on a personnellement alerté le nouveau ministre des affaires étrangères français dès sa nomination, en mai, en amont de la rédaction du rapport devenu le présent ouvrage, la Neuvième Frontière.

Préparées ou improvisées, les premières reconnaissances internationales de la Catalogne allaient intervenir rapidement.

Coercition espagnole

Le gouvernement espagnol a permis (l'existence et) la présentation de partis ouvertement séparatistes aux élections catalanes de septembre 2015, puis la constitution d'un gouvernement indépendantiste avec mandat parlementaire explicite de réaliser l'indépendance sous dix-huit mois. Puis tout au long du premier semestre 2017 il a fait obstinément semblant d'ignorer ce qui se passait en Catalogne, au point qu'on se demandait si la surprise qu'il se préparait à feindre à l'automne avait pour objet de justifier sa capitulation ou une action militaire. En tout cas, au commencement de l'été il s'était déjà mis dans l'impossibilité calendaire d'appliquer l'article 155 de la constitution, du moins dans les conditions constitutionnelles (nuance dont l'importance apparaîtra plus loin).

En effet, d'après le constitutionnaliste Jorge de Esteban, la mise en œuvre de l'article 155 (jamais encore utilisé en quarante ans de constitution) exige que le gouvernement mette en demeure le président de la région rétive (et attende sa réponse) avant de saisir le Sénat, puis que celui-ci mène son enquête, interroge l'autorité fautive et attende ses réponses avant de procéder au vote sénatorial autorisant l'application dudit article, soit, d'après ce constitutionnaliste, de l'ordre de trois à quatre mois en période non estivale. Le 4 juillet, date de l'annonce du referendum pour le 1er octobre, il était donc trop tard pour recourir à l'article 155 afin d'interdire au gouvernement catalan de convoquer ledit referendum. Le 15 août le Parti Populaire au gouvernement a déclaré à son tour qu'il n'y avait plus le temps pour cette procédure.

Il importe ici de rappeler la teneur exacte de ce fameux article 155, qui n'autorise l'exécutif central ni à révoquer un gouvernement régional, ni à dissoudre un parlement et encore moins à suspendre une constitution régionale (appelée "statut de communauté autonome"). Son premier alinéa prévoit qu'en cas de violation grave des obligations d'un gouvernement régional, et après approbation du sénat, le gouvernement pourra "adopter les mesures nécessaires pour l'obliger à l'accomplissement forcé desdites obligations" (*adoptar las medidas necesarias para obligar a aquélla al cumplimiento forzoso de dichas obligaciones*). Il n'autorise donc pas le gouvernement central à se substituer au gouvernement régional mais à lui dicter l'exécution de ses obligations (et ne mentionne aucun moyen particulier de coercition). Le deuxième alinéa précise que pour l'exécution de ces mesures le gouvernement pourra "donner des instructions à toutes les autorités des communautés autonomes" (*dar instrucciones a todas las autoridades de las Comunidades Autónomas*). C'est ce que les Espagnols appellent couramment l'intervention, à savoir que le gouvernement central donne directement ses ordres aux administrations locales en court-circuitant le gouvernement régional. Par exemple et dans le cas en question, le premier alinéa permet au gouvernement espagnol d'intimer au gouvernement catalan d'annuler la convocation du referendum, et le deuxième alinéa lui permet d'ordonner à la police catalane de saisir les urnes, et d'interdire à l'enseignement catalan de prêter les écoles comme bureaux de vote.

Le 25 juillet le gouvernement espagnol a interdit aux ministres (qui appartiennent au gouvernement), aux parlementaires et aux juges (théoriquement indépendants) de partir en vacances à plus de deux heures de Madrid. Il envisageait donc, comme on le supputait le lendemain[42], de proclamer l'état de siège selon l'article 116 de la constitution. En effet des trois états prévus par la loi 4/1981, l'état d'alarme (prévu en cas de catastrophe) est déclaré par simple décret pris en conseil des ministres et a plutôt pour effet de renforcer les pouvoirs de la communauté autonome concernée, et l'état d'exception (prévu en cas de rupture de la normalité institutionnelle), décrété aussi en conseil des ministres après autorisation du parlement, n'ôte aucun pouvoir aux autorités de la communauté autonome concernée et ne la met pas sous tutelle du gouvernement national. Par contre l'état de siège (prévu en cas d'insurrection ou d'action de force contre la souveraineté de l'Espagne, son intégrité territoriale ou l'ordre constitutionnel), ne peut être déclaré que par le Parlement, et c'est le seul de ces trois états extraordinaires qui permet au gouvernement de retirer certains pouvoirs aux autorités de la communauté autonome concernée, pour les transférer à une autorité militaire.

L'état de siège est la modalité d'application de l'article 8 de la même Constitution, qui donne mission aux forces armées, en plus des missions qui sont leur raison d'être dans tous les pays (défense de la souveraineté, de l'indépendance et de l'intégrité territoriale), celle de défendre l'ordre constitutionnel de l'Espagne. Au fond, comme l'avait exprimé très justement le général Juan Antonio Chicharro le 6 février 2013, les forces armées sont plus vieilles que la constitution et leur mission de défendre le pays est d'ordre supérieur à celle-ci, mais cette mission reconnue par l'article 8 n'est censée s'appliquer que dans les conditions de l'article 116, c'est-à-dire au moyen de

---

[42] http://stratediplo.blogspot.com/2017/07/catalogne-vers-letat-de-siege_27.html

l'état de siège déclaré par le parlement. Pour mémoire, ladite constitution accordée après la restauration de la royauté entendait enchaîner l'armée sur laquelle s'était appuyée la dictature du général Francisco Franco.

Sur le plan judiciaro-politique, le 16 août le Tribunal Supérieur de Justice de Catalogne (justice espagnole décentralisée) a signifié au parlement catalan la suspension, en attente d'annulation, par le Tribunal Constitutionnel, de la réforme du règlement du parlement catalan qui entendait introduire la procédure de vote accéléré sur lecture unique, pourtant en vigueur dans quatorze autres parlements autonomes d'Espagne ainsi qu'au parlement national.

Le 5 septembre le gouvernement espagnol a annulé, en Catalogne, les congés de mutation de la Garde Civile (gendarmerie), dont les mutés de l'année sont normalement libérés de leur ancienne affectation le 11 septembre et attendus dans leur nouvelle le 11 octobre, sans égards pour la rentrée scolaire de deux cents familles qui avaient rendu leur logement fin août laissant le mari en "célibataire géographique" pour une semaine… à poursuivre plus d'un mois à leurs frais car la surprise sera sans indemnités. Faute de syndicats, les épouses ont exprimé sur les réseaux sociaux leur grogne devant cette improvisation gouvernementale sans préavis alors que la date du referendum du 1er octobre était connue depuis début juin.

Le 6 septembre la Garde Civile a commencé à perquisitionner les imprimeries (et les bureaux de poste), et confisqué un million et demi de prospectus et d'affiches en faveur du referendum, sans trouver de bulletins de vote. Elle perquisitionne aussi les bureaux de poste. Puis le gouvernement espagnol a fait fermer le site internet du referendum, immédiatement remplacé par des sites-miroirs préparés à l'avance selon les conseils de Julian Assange.

Après un avertissement du tribunal constitutionnel, les sept cents maires qui se sont engagés à organiser localement le scrutin ont été convoqués devant le parquet la troisième semaine de septembre, pour être individuellement mis en examen. Un groupe de députés européens a alors dénoncé, au sein du Parlement européen puis devant la Commission, la répression de masse de centaines d'élus dans un pays membre, et accessoirement l'arrestation d'un député européen parallèlement maire catalan (sauf erreur il n'y en avait qu'un) sans demande préalable de levée d'immunité auprès du Parlement européen.

Le 7 septembre le gouvernement espagnol a, comme prévu, introduit auprès du Tribunal Constitutionnel sa requête en inconstitutionnalité de la loi référendaire et de souveraineté 19/2017, votée la nuit précédente.

Le 8 septembre il annonça la disponibilité sous vingt-quatre heures de forces anti-émeutes d'un volume de 4000 hommes, à savoir l'Unité d'Intervention Policière (2600 hommes dont 400 en Catalogne) et les Groupes de Réserve et Sécurité de la Garde Civile (1600 hommes dont 200 basés en Catalogne), ne laissant qu'une compagnie de police à Madrid et une de Garde Civile à Ténérife mais dégarnissant toute l'Espagne archipels et enclaves africaines inclus (ci-avant au chapitre Scénarios on estimait cela impossible], tout en assurant que la situation était anodine et contrôlée. Ces effectifs et leurs véhicules sont arrivés en Catalogne à partir de la mi-septembre, sur des bateaux loués à un armateur de croisières italien (pour raisons de fiabilité politique). La police nationale s'est vue transférer en urgence un nombre tenu secret de véhicules blindés à roues de l'armée de terre, les BMR-600 (*blindados medios de rueda*) comparables aux VAB français, qu'on a réimmatriculés en civil, dépouillés de leur mitrailleuse et repeints en bleu avec le sigle et l'écu de l'UIP.

Sur le plan judiciaire le procureur poursuivit devant le Tribunal Supérieur de Catalogne les membres du gouvernement catalan et le bureau et la présidente du parlement pour "désobéissance, prévarication et malversation de fonds publics", les premiers pour la signature du décret de convocation du referendum et les seconds pour ne pas s'être opposés au vote des lois de déconnexion. Comme précédemment personne ne fut poursuivi pour sédition, alors que ce délit était caractérisé au sens de l'article 545 du code pénal. Une fois de plus il fut choisi de ne pas poursuivre les intentions déclarées mais seulement les actes consommés, c'est-à-dire de s'interdire toute action préventive afin de s'acculer à une alternative finale entre l'acceptation de la sécession et l'action militaire.

Ce n'est que le 18 octobre, lors de l'arrestation de Jordi Cuixart et Jordi Sanchez présidents des associations indépendantistes Omnium et Assemblée Nationale Catalane, que l'accusation de sédition (mot oublié en Espagne depuis 1909) est enfin portée. Ces présidents d'associations n'avaient pas été inquiétés pour avoir organisé la consultation illégale et manifestement séditieuse du 9 novembre 2014, mais ils ont été arrêtés le 18 octobre 2017 et accusés de sédition pour avoir appelé à manifester devant le ministère de l'économie les 6 et 7 septembre, jours où le parlement catalan votait impunément les lois de déconnexion 19/2017 et 20/2017.

Tout cela n'empêcherait pas le système judiciaire de continuer de violer les principes souscrits par les membres du Conseil de l'Europe, cette fois celui selon lequel on ne peut être jugé deux fois pour la même action. Le Tribunal Supérieur de Justice de Catalogne ayant condamné le 13 mars 2017 à l'inéligibilité pour deux ans l'ancien président Artur Mas et ses plus proches ministres pour délit de désobéissance (mais pas sédition) pour l'organisation de la consultation populaire du 9 novembre 2014, la Cour des Comptes les poursuivit à son tour pour détournement de 4,8 millions d'euros (dépensés pour ladite consultation), et les a sommés de déposer le 25 septembre une douzaine de millions d'euros à titre de garantie pré-judiciaire (donc sans jugement préalable) sous peine de saisie de leurs biens. De toute façon l'Espagne n'en est pas à une condamnation de la Cour Européenne des Droits de l'Homme près, généralement pour "violation du droit à un procès équitable".

Le 15 septembre le gouvernement espagnol a décidé de mettre fin, anticonstitutionnellement, à l'autonomie budgétaire du gouvernement catalan, cessant les revirements de quotes-parts mensuelles des impôts prélevés en Catalogne, faisant bloquer ses comptes en banque et faisant régler directement et discrétionnairement ses dépenses par les trésoriers-payeurs de l'État central. Cette confiscation de prérogatives violait les statuts de la Catalogne mais aussi la constitution espagnole, notamment les articles 137 et suivants, 153 sur les moyens de contrôle et 156 sur l'autonomie financière, et le 18 septembre le gouvernement catalan déposa donc un recours pour anticonstitutionnalité devant le Tribunal Supérieur, tandis que le président catalan défiait le premier ministre espagnol de venir expliquer cette mesure d'exception devant le parlement national, seul compétent à autoriser le gouvernement à mettre en œuvre l'article 155 de la constitution… qui ne va d'ailleurs pas plus loin que l'autorisation d'émettre des injonctions. D'une manière générale il semble que le gouvernement espagnol, après avoir nié l'existence d'un problème jusqu'à l'automne 2017, ait soudain voulu laisser entendre qu'il ne se laisserait pas gêner par la constitution ou le droit.

Le 27 septembre ont été mis en alerte deux des quatre Groupements d'Opérations Spéciales de l'armée de terre (infanterie légère), de deux compagnies chacun et de bonne réputation opérationnelle, basés à Alicante, et dont la mission pouvait être, en cas de besoin, la prise d'assaut du siège du gouvernement et du palais du parlement catalans par raid héliporté. Le ministère de l'intérieur a fait fermer l'espace aérien de Barcelone au cabotage de basse altitude, ne laissant voler que les avions de ligne desservant l'aéroport international de Barcelone, dont le Groupe d'Action Rapide de la Garde Civile a pris le contrôle.

Parallèlement le gouvernement a poursuivi son déni de réalité, culminant au soir du 1er octobre lorsque le premier ministre Mariano Rajoy a solennellement déclaré que, comme il l'avait annoncé, aucun referendum n'avait eu lieu en Catalogne. Une grave crise éclata au sein de la télévision publique espagnole, toute l'Espagne ayant suivi sur les chaînes privées ou étrangères l'actualité ignorée par la TVE qui n'avait pas couvert l'événement. Lundi 2 au matin, la population espagnole était sous la stupeur des unes de la presse européenne et du silence ou la surprise de la presse nationale, et sous le choc de la prise de conscience qu'on lui avait menti avec succès pendant plusieurs mois.

Le 3 octobre le roi Felipe VI est finalement sorti de son mutisme pour enjoindre au gouvernement catalan de rester dans la légalité et au gouvernement espagnol d'empêcher la sécession. La veille le gouvernement espagnol avait annoncé étudier (enfin) la mise en œuvre de l'article 155 de la constitution, c'est-à-dire la mise sous tutelle par injonctions, et le premier ministre refusait toute négociation.

Le 6 octobre la presse espagnole a annoncé le desserrement imminent à Saragosse de la division Castillejos, déjà passée en mode opérationnel et en cours d'acheminement. Les trois brigades organiques de cette division (héritière de l'ancienne Force d'Action Rapide) rejoignaient là la brigade Aragon, basée à Saragosse mais appartenant depuis peu à l'autre division espagnole, la San Marcial. Ces quatre brigades représentent ensemble la moitié des unités de manœuvre de l'armée de terre, puisqu'à part les sept brigades endivisionnées il y a aussi une brigade aux Canaries. Les trois brigades d'infanterie légère dites polyvalentes de la division Castillejos sont la 6° brigade parachutiste, la 2° brigade de légion et la 7° brigade aéroportée, comportant chacune trois bataillons d'infanterie et un bataillon de cavalerie légère. Pour sa part la brigade Aragon ne comporte que deux bataillons d'infanterie (stationnés en Catalogne), et deux bataillons de cavalerie dont un de lourde. Toutes les brigades comportent un groupe (bataillon) d'artillerie, inutile pour la confrontation envisagée, et un bataillon de génie, qui pouvait avoir une utilité en soutien, de même que les bataillons de cavalerie pouvaient servir en appui de l'infanterie qui aurait eu le rôle principal face à une administration et une population civiles.

Ce desserrement opératif, ou pré-déploiement opérationnel, changeait fondamentalement la donne, car une fois réalisé, dans la deuxième semaine d'octobre, quatre brigades (moins les deux bataillons déjà sur la côte catalane) seraient à 120 kilomètres de Lérida ou à 100 kilomètres de la limite occidentale de la Catalogne, c'est-à-dire sur zone quelques heures après réception de l'ordre de mouvement.

Parallèlement le gouvernement entendait toujours refuser de faire proclamer par le parlement l'état de siège (article 116 de la constitution), pourtant la seule possibilité constitutionnelle d'ôter des pouvoirs aux autorités catalanes en les transférant à une autorité militaire. Ce choix (incompris à l'interne) visait très certainement à éviter une condamnation internationale, et plus particulièrement une possible application de l'article 7 du Traité sur l'Union Européenne, que n'aurait pas manqué de déclencher la proclamation de l'état de siège.. Cela aurait alors facilité la reconnaissance de l'indépendance de la Catalogne par l'Union Européenne, aussi le gouvernement espagnol préféra-t-il éviter la proclamation formelle de l'état de siège, quitte à violer les deux constitutions, et préparer une opération militaire affranchie de toute contrainte constitutionnelle.

Le 27 octobre le gouvernement demanda cependant au sénat de l'autoriser à appliquer l'article 155, et obtint cette autorisation quelques heures plus tard, par une décision expéditive sans audition du président catalan. Il faut dire qu'entretemps dans la journée le parlement catalan avait proclamé sa déclaration d'indépendance signée le 10, et annoncé la fondation de la république.

Samedi 28 le gouvernement espagnol a annoncé ses premières décisions, à savoir la prise de contrôle de la police catalane, la révocation de son directeur général, la révocation du chef de la police (subordonné immédiat du directeur général), la destitution du gouvernement catalan, la dissolution du parlement, la convocation d'élections pour le 21 décembre et l'inculpation des membres du gouvernement et du parlement catalans pour malversation, sédition et rébellion.

Puisque le sénat n'a pas protesté ou révoqué son autorisation c'est qu'il savait, en autorisant le gouvernement à appliquer l'article 155, qu'il ne lui était demandé qu'une sorte de couverture morale mais que le gouvernement n'avait aucunement l'intention de se limiter aux actions spécifiées et autorisées par ledit article, à savoir l'envoi d'injonctions aux autorités catalanes et d'ordres directs à leurs subordonnés. De toute façon la décision d'acheminement de l'armée, sans que le gouvernement ait demandé au parlement de déclarer l'état de siège nécessaire à son déploiement sur le territoire national (hors dispositif permanent antiterroriste définie par loi), laissait entendre un ralliement du gouvernement aux thèses du général Chicharro, à savoir que peu importe la constitution quand c'est du pays qu'il s'agit.

Le gouvernement espagnol a donc envoyé quatre messages clairs aux acteurs de la sécession. Par le lancement de poursuites pour des délits non commis[43], la rébellion (caractérisée d'après l'article 472 du code pénal par l'exercice de la violence), en sachant pertinemment qu'il ne serait pas retenu par la justice, le gouvernement montrait que la répression des séparatistes serait disproportionnée et illégale. Par la violation multiple des constitutions catalane et espagnole, dès le 15 septembre et massivement le 28 octobre[44], il s'affranchissait du droit et introduisait l'incertitude totale sur ses actions futures. Par l'outrepassement de ses prérogatives obtenues du parlement selon l'article 155, et le refus de demander celles relevant de l'article 116, il montrait l'établissement formel de la dictature, au sens de la science politique à savoir un mandat exceptionnel de pleins pouvoirs illimités. Et par le prépositionnement de la moitié de l'armée de terre à quelques dizaines de minutes de la Catalogne et quelques heures de Barcelone, il annonçait le prochain stade, à savoir l'intervention militaire, même sans déclaration de l'état de

---

[43] Aussi la justice allemande refusera le 5 avril 2018 d'extrader Puigdemont arrêté le 25 mars, la demande d'extradition mentionnant rébellion et détournement alors qu'il n'y avait pas eu de rébellion au sens du code pénal espagnol et que la justice avait établi qu'aucun fonds public n'avait servi au referendum, puis l'Espagne annulera son mandat d'arrêt européen pour la deuxième fois en sept mois.

[44] Aucun article de la constitution espagnole ne permet au gouvernement central de dissoudre un parlement régional, de convoquer des élections régionales ou de révoquer un gouvernement régional complet.

siège, en cas de tentative de résistance constitutionnaliste (refus de départ des institutions anticonstitutionnellement "révoquées") ou séparatiste (sécession complète) au coup d'État administratif.

La menace était claire. Hormis un ultimatum explicite, qui aurait uni l'Europe contre l'Espagne, il était clairement ordonné aux séparatistes, sous menace de la force militaire, d'abandonner le gouvernement et le parlement de Catalogne.

Débandade politicienne

Le 28 octobre, après la proclamation par le gouvernement espagnol de ses mesures illégales et anticonstitutionnelles tentées sans trop d'espoir, le directeur général de la police catalane (*mossos d'esquadra*) Pere Soler, indépendantiste invétéré jusqu'alors, a annoncé son départ immédiat pour cause de révocation, apparemment sans demander de consignes à son supérieur le ministre de l'intérieur catalan. Quelques heures plus tard le commandant de la police Josep Lluís Trapero a aussi annoncé à la police son retrait pour révocation. Pourtant un mois plus tôt, lorsque le gouvernement espagnol, après la confiscation (illégale aussi) du budget de la Catalogne, avait tenté de prendre le contrôle de sa police, tant le commandant de celle-ci que le ministre de l'intérieur Joaquim Forn s'y étaient opposés et l'initiative madrilène était tombée à l'eau faute de moyens de l'imposer. Le gouvernement catalan ne réagissant pas cette fois-ci, le ministre de l'intérieur espagnol nomma le 28 octobre même un nouveau commandant de la police, le commissaire Ferrán López, qui, après lui avoir manifesté sa loyauté sans être réprimandé par la moindre autorité catalane, déploya le lendemain un dispositif de contention autour du palais du gouvernement catalan pour écarter les ministres "révoqués" et protéger les fonctionnaires madrilènes qui seraient parachutés le 20 pour les remplacer.

Enfin le 20 à midi la présidente du parlement catalan Carme Forcadell, très irrédentiste indépendantiste, annonça que le parlement s'était dissous. Bien que cette dissolution anticipée intervînt en violation de l'article 66 du statut (qui attribuait exclusivement cette faculté au président), le parlement a été effectivement renouvelé par le scrutin du 21 décembre, convoqué par le gouvernement espagnol en violation de l'article 56 du statut de la Catalogne mais manifestement accepté par l'ancien parlement et par l'électorat… qui en a profité pour voter encore massivement pour les partis indépendantistes (que le gouvernement espagnol n'a pas interdits) qui l'avaient récemment trahi. Pour sa part le président Carles Puigdemont, nommé par le roi en janvier 2016 et lui aussi irrévocable par le gouvernement espagnol, n'a pas reconnu sa "révocation" avant la cessation de ses fonctions le 21 décembre de par l'élection d'un nouveau parlement, selon l'article 67 du statut.

En fait, par souci de repousser la confrontation au plus tard possible, le gouvernement catalan avait été ambigu dès le referendum du 1er octobre, en prétendant laisser ordonner à sa police, par la justice espagnole, d'interdire le déroulement du referendum qu'il organisait, allant jusqu'à autoriser la direction de la police catalane à participer aux réunions de coordination avec la police nationale et la gendarmerie espagnoles. La Généralité n'avait pas fait exécuter l'ordre d'empêcher la tenue du referendum, mais elle ne l'avait pas formellement rejeté comme désormais illégitime. Pourtant la loi 19/2017 du 6 septembre par laquelle le parlement catalan lui ordonnait d'organiser un referendum proclamait dès son article 2 la souveraineté du peuple catalan, et affirmait par l'article 3 que cette loi prévalait sur toute autre norme et qu'elle régissait toutes les autorités et personnes concernées par le referendum. Le gouvernement catalan n'ayant reconnu aucun effet à la suspension de cette loi par le tribunal constitutionnel et ayant maintenu le referendum, il aurait dû faire fermement transmettre par la hiérarchie policière la consigne de sécuriser son déroulement. Les policiers et les commissariats loyalistes à l'Espagne qui n'ont pas reconnu la nouvelle légalité et ont entravé la tenue du referendum auraient dû, dès les jours suivants, être avertis de leur prochain limogeage pour désobéissance à la nouvelle légalité.

Le processus constituant est une entreprise politique longue, mais pour la police, professionnellement concernée par le referendum, le changement d'autorité suprême s'était opéré le 6 septembre et le choix de l'allégeance personnelle sans ambiguïté aurait dû être imposé avant le 1er octobre. L'absence de sanctions, ou du moins d'entretien d'explication car certains policiers catalans se sont trouvés imbriqués malgré eux dans le dispositif de la police nationale et obligés de participer à ses actions, a entretenu un flou qui n'était destiné qu'à Madrid, et laissé croire même à des cadres que les réquisitions de la justice espagnole prévalaient sur les ordres du ministère de l'intérieur catalan, et sur l'autorité du parlement catalan autoproclamé souverain le 6 septembre. Encore pire en matière de création d'incertitude, le gouvernement catalan s'est refusé à répondre clairement (vraisemblablement dans l'espoir d'une négociation) quand le gouvernement espagnol, dubitatif après le flou de la bizarre déclaration signée mais non proclamée le 10 octobre, a demandé si l'indépendance avait oui ou non été proclamée. Il y a eu là une faute lourde de conséquences.

Il se trouve que le gouvernement catalan était foncièrement et inconditionnellement non-violent, le ministre des relations extérieures Raúl Romeva, par exemple, ayant personnellement vu en ex-Yougoslavie les conséquences de sécessions sans accord bilatéral. Comme on l'a exposé précédemment, depuis 2012 et plus particulièrement depuis 2016 ce gouvernement avait tout prévu jusqu'au moindre détail, sauf justement la violence. Il a entendu depuis l'été, alors que le gouvernement espagnol laissait faire et que le premier ministre répétait qu'il ne se passait rien en Catalogne, les menaces du ministre de la défense María Dolores de Cospedal qui assurait que l'armée avait les moyens d'écraser la sécession. Il a vu l'effervescence des forums militaires sur les réseaux sociaux, dénonçant la passivité gouvernementale et appelant à une intervention avec ou sans ordres officiels. Et en septembre, alors que le gouvernement avait été inutilement dur et sans égards envers la Garde Civile, des foules entières sont venues acclamer sur les quais l'embarquement de celle-ci et de la police sur le Rhapsody (ex Napoléon Bonaparte de la SNCM), l'Azzurra et le Moby Dada, le poing levé et aux clameurs de "sus à l'ennemi !" (*a por ellos*). Surtout, il savait que la société catalane était à peu près également divisée sur la question de la souveraineté. Il a vu aussi, en Catalogne même, les barrages sauvages d'unionistes arrêtant les automobilistes pour les obliger à s'exclamer "vive l'Espagne". Et, en interne comme face à l'Espagne, il refusait à tout prix la violence. Le gouvernement catalan est allé jusqu'au bout du mandat confié en janvier 2016 par le parlement qui l'avait démocratiquement reçu en septembre 2015, et s'est retiré avant l'épreuve de la violence.

En mars on s'interrogeait, dans un article très remarqué et largement copié sur internet, sur la destination des 12000 armes dont 10000 fusils d'assaut (CETME pour l'essentiel) saisis par la douane espagnole le 12 janvier soit juste un an après la saisie de 20000 treillis de combat neufs. On notait qu'il s'agissait d'une livraison partielle puisqu'elle comprenait plusieurs centaines d'obus de mortiers mais pas un seul tube pour les tirer, et on remarquait qu'il y avait là de quoi armer une infanterie correspondant à la moitié de celle de l'Espagne, ce qui aurait suffi à fixer celle-ci au complet. On estimait aussi que pour pouvoir lever en temps de paix une infanterie de 13000 hommes encadrement inclus, le client de cette livraison interceptée devait être une province de plusieurs millions d'habitants disposant de capacités organisationnelles proto-étatiques et d'une légitimité historique lui permettant de débaucher un ou deux milliers d'officiers déjà formés sous un autre uniforme, dans un pays disposant de forces armées significatives mais sans forces territoriales de recrutement local (les arguments et raisonnements détaillés sont dans l'article[45]).

Surtout, on concluait que le client de cette livraison n'envisageait pas des actions de combat mais de parade, à savoir une grosse opération de communication, d'assertion et d'intimidation. Il visait la construction d'une image décidément distincte de celle d'une milice d'insurgés va-nu-pieds du tiers-monde, et aurait vraisemblablement fait défiler au pas cadencé des troupes en uniforme neuf impeccable avec un fusil d'assaut occidental moderne rutilant. On comparaît cela aux milliers de djellabahs blanches arborées par les Turcs de Bosnie au petit matin du 4 avril 1992, à l'opposé des tenues disparates du bataillon corse présenté nuitamment et masqué devant la presse le 11 janvier 1996. Au-delà de la sidération de la population et de la presse ennemies, la démonstration pacifique d'ordre et de préparation aurait visé à convaincre le monde (presse et décideurs) de l'évidence d'une souveraineté manifeste.

Les indices géographiques laissent penser que la province destinataire de ces armes et uniformes n'était pas la Bavière. Tout converge pour y voir la Catalogne, sauf son discours politique. Il n'est pas exclu que la livraison interceptée n'ait pas pu être remplacée. Et il n'est pas impossible non plus que la révélation (par son interception) de cette commande ait ouvert un conflit au sein du gouvernement catalan, entre l'acteur qui l'avait secrètement passée et ceux qui s'y seraient opposés. Quoi qu'il en soit,

---

[45] https://stratediplo.blogspot.com/2017/03/destinataire-des-10000-fusils-dassaut.html

officiellement le gouvernement catalan, bien qu'atlantiste, était inconditionnellement pacifiste.

De son côté le gouvernement espagnol s'était volontairement acculé à une alternative finale, et dans l'urgence, entre l'acceptation de la sécession et l'intervention militaire, un peu comme le gouvernement français s'était, au siècle dernier, acculé au choix désespéré entre la capitulation immédiate et la capitulation après vitrification en représailles de la population de l'ennemi. Le gouvernement espagnol a affirmé sa détermination (*in extremis*) en outrepassant grossièrement le blanc-seing par le sénat à peine obtenu, et violant à répétition la constitution espagnole et le statut catalan, et en exerçant une répression par plusieurs aspects illégale contre les indépendantistes dont il avait inconsidérément toléré deux ans de sédition institutionnalisée. Ayant prépositionné l'armée, tout en refusant de demander l'état de siège aussi constitutionnellement nécessaire à son utilisation qu'à la confiscation temporaire des pouvoirs du gouvernement provincial, le gouvernement espagnol a, formellement ou pas, donné un ultimatum armé au gouvernement catalan.

Faute d'accepter la confrontation violente qu'ils avaient refusé d'envisager, le parlement et le gouvernement catalans se sont débandés.

Enseignements

Le moins que l'on puisse dire, c'est que cette marche de la Catalogne à l'indépendance (avortée) a été particulièrement atypique. On a vu ailleurs des indépendances gagnées par la lutte armée (colonies espagnoles d'Amérique), constatées après abandon par la métropole (colonies portugaises d'Afrique), imposées sur intimation d'une plus grande puissance (colonies françaises d'Afrique), prononcées en l'incapacité de la métropole de s'y opposer (Érythrée et Somaliland), et dans le meilleur des cas négociées entre parties souhaitant mettre fin à l'amiable à leur union (URSS et Tchécoslovaquie). Mais il n'y a pas beaucoup de cas d'indépendances institutionnellement construites.

Le gros travail de construction de la transition a été élaboré, texte après texte, par des juristes constitutionnalistes réunis au grand jour en commissions officielles, avec des mandats explicites écrits par des idéalistes démocrates qui ne voulaient pas d'un simple coup d'éclat suivi d'improvisation, au contraire des territoires qui font sécession par la force ou s'organisent après avoir été abandonnés. Nonobstant, la transition devait nécessairement commencer par une rupture puisqu'il ne pouvait pas y avoir de transfert de souveraineté dans le cadre de la légalité espagnole, contrairement par exemple à la séparation amiable de la Slovaquie et de la Bohême-Moravie, ou unilatérale mais avec préavis pour les territoires d'Afrique Occidentale Française. La prétention d'afficher une ouverture à toute négociation avec l'Espagne (qui s'y refusait pourtant absolument) et la ruse de prétendre obéir jusqu'au dernier moment (tout en préparant secrètement la désobéissance) n'atténuaient pas le caractère intrinsèquement illégal d'une rupture.

Source de la légalité, la souveraineté (comme le commandement) ne peut être duale et une société ne peut être régie simultanément par les légalités de deux systèmes distincts, qui plus est incompatibles et opposés, de même qu'on ne peut obéir qu'à un seul chef. Au-delà des feintes dilatoires envers l'ancien système visant à différer l'inévitable confrontation, l'allégeance de fond au nouveau système doit être clairement identifiée. Car un État n'est pas seulement un système politique abstrait codifié dans une constitution, c'est une organisation humaine dont chaque membre doit savoir sans le moindre doute ce qu'on attend de lui, de qui il reçoit ses ordres et de quelle autorité ils procèdent.

Si c'est politiquement nécessaire pour un ministre, c'est professionnellement indispensable pour un policier, fonctionnaire dont la mission est précisément d'assurer l'autorité de l'État, donc d'un État spécifique. C'est pour imposer son ordre public que l'État dispose de forces de l'ordre, et de la légitimité conférée par la nécessité et renforcée par l'exclusivité (monopole étatique de l'usage de la violence) de l'utilisation, le cas échéant, de la force nécessaire. Lorsqu'il est prévu un changement d'autorité, son moment exact doit être connu de tous, comme le passage de l'heure d'hiver à l'heure d'été ou la bascule entre deux postes de commandement d'une division en opérations.

C'est tout l'intérêt du *pronunciamiento*, la déclaration solennelle d'un coup d'État : peu importe où se trouve le chef d'État sortant et s'il a encore accès à des moyens de communication, à partir de cet instant le nouveau chef attend obéissance. Un divorce, la fondation d'une société, même un simple contrat ont une date d'effet, opposable aux tiers et portant des effets patrimoniaux et de responsabilité. En principe les séparatistes catalans le savaient, étant pétris de culture juridique, et ayant promis, comme seule "garantie" qu'ils pouvaient fournir pour obtenir l'engagement des fonctionnaires (mais aussi de la société civile), l'irréversibilité du processus. La construction juridique et démocratique, ainsi que la largesse du statut futur des résidents espagnols non catalans, étaient suffisamment rassurantes pour obtenir une reconnaissance rapide des pays voisins et de l'Union Européenne, mais à un moment donné il faut bien une déclaration solennelle d'établissement (ou de rétablissement dans le cas de Catalogne) de la souveraineté, et cette déclaration doit être pleine, irréversible, assumée et à date précise.

En l'occurrence c'est l'argument pas lequel le parlement devait rassurer l'exécutif, la fonction publique et particulièrement les représentants à l'étranger (la capacité diplomatique étant l'un des quatre critères principaux de la souveraineté internationale selon la convention de Montevideo), en expliquant qu'à partir de ce moment précis la constitution espagnole n'étant plus en vigueur en Catalogne, il n'y avait plus à craindre d'article 155 ou autre car les injonctions d'un État désormais étranger seraient sans valeur. Le premier enseignement, c'est donc la nécessité de lever toute ambiguïté par un acte solennel.

Il est facile de s'engager pour un nouvel ordre afin du sortir du désordre dans une situation de chaos, de révolution ou de guerre civile, lorsqu'on n'a plus rien à perdre. Mais il est beaucoup plus difficile, à titre personnel, de choisir un nouvel ordre lorsqu'il y en a déjà un en vigueur, c'est-à-dire de trahir ou contribuer à abattre l'ordre ancien. Il s'agit alors de quitter volontairement la normalité pour embrasser l'incertitude, un mouvement qui n'est pas naturel. Le gouvernement catalan entendait rassurer ceux qui prenaient des risques pour la sécession, en affichant la construction manifeste d'une nouvelle légalité écrite et convaincante, mais cela impliquait un acte final, ou fondateur selon le point de vue, de coupure du cordon ombilical antérieur en un moment donné, précis et officiel.

La Généralité disposait aussi d'un atout exceptionnel qui fait défaut à la plupart des mouvements sécessionnistes, à savoir une force de police, qui plus est déjà déployée, en charge de l'ordre public dans la province depuis des décennies, et sans concurrence auprès de la population de la part d'une police nationale absente de la rue et du territoire, hors quelques missions spécifiques invisibles du grand public. De son côté le gouvernement espagnol n'avait même pas les moyens d'arrêter une personne dans la rue, et devait convoquer (inviter) les suspects à aller se livrer eux-mêmes aux tribunaux. L'avantage de cette situation, c'est que le gouvernement catalan contrôlait le territoire et la population sans avoir besoin de les conquérir, et qu'à partir de l'instant T déclaré le gouvernement espagnol ne pouvait plus rien faire à l'intérieur de la province. L'inconvénient c'est que cette situation trop normale, sans aucun signe de changement apparent autre qu'une déclaration officielle, pouvait donner une impression de continuité. La Catalogne s'administrant déjà de façon autonome le changement de souveraineté n'entraînait pas de changement d'autorité, comme dans toute l'Europe d'avant l'invention du nationalisme par la révolution dite française, où les provinces pouvaient changer de souverain sans perdre leur code civil, leurs institutions, leur fiscalité ou, pire, leur langue voire leur peuple.

Dans un tel cas l'acte au sens notarial doit être exprimé par un acte au sens factuel. En s'inspirant de l'action slovène de juillet 1991, on a mentionné plus haut la possibilité de la prise du seul poste-frontière de la péninsule ibérique hormis celui de Gibraltar, à savoir celui de la Farga de Moles à la frontière andorrane, où le remplacement du drapeau espagnol par le drapeau catalan, avec ou sans bref combat (car les douaniers ne sont peut-être pas tous madrilènes), aurait crevé les écrans, frappé les esprits, gravé les ordres et scellé les destins. C'est le deuxième enseignement, les voies du droit (*de jure*) doivent être exprimées par des voies de fait (*de facto*), ce qui ne signifie pas des violences mais un passage à l'acte concret, le plus irréversible possible.

La politique n'est pas faite seulement de construction juridique et d'organisation sociale, elle comprend aussi la polémologie, c'est-à-dire la discussion ou le conflit. Aucune négociation n'est possible entre une entité supérieure et un élément subordonné, entre le tout et une partie, entre un État et l'une de ses collectivités territoriales. L'autodétermination interne avait été refusée fermement et avec constance, sept ans s'étaient écoulés sans le moindre progrès depuis la suspension du statut d'autonomie de 2006, et le gouvernement espagnol refusait toujours toute discussion, multipliant au contraire les brimades comme on l'a vu plus haut (imposition de la corrida, interdiction du vote parlementaire simplifié…). Bercé par l'irresponsable et incompréhensible tolérance ou cécité du gouvernement espagnol qui avait permis la présentation, l'élection et la traduction en feuille de route puis en commissions de travail d'un programme électoral ouvertement et expressément séparatiste, l'exécutif catalan a banni la conception de la possibilité d'une confrontation.

Pourtant la souveraineté est indivisible et l'indépendance se prend donc) unilatéralement (sauf exceptions, donc nécessairement illégalement ce qui ouvre un conflit. Par ailleurs on ne peut pas négocier les mains vides en menaçant de saisir des atouts (sauf s'ils sont déjà sous séquestre), on saisit d'abord des atouts non seulement pour avoir en mains de quoi procéder à un échange, mais aussi tout simplement pour contraindre l'autre partie à accepter une négociation. Et la seule négociation possible ne peut se tenir qu'entre égaux, ou adversaires mis sur pied d'égalité par un arbitre tiers, donc pas en situation de dépendance. Le troisième enseignement est donc que la sécession est évidemment un acte illégal en regard du droit en vigueur (n'en déplaise à la Cour Internationale de Justice), et le quatrième est que l'indépendance se prend avant l'ouverture de négociations.

 Enfin et surtout, il ne peut y avoir de déclaration d'indépendance sans capacité de la défendre[46]. Pacifisme ne signifie pas soumission. La question n'est pas de savoir ici de quels types et volumes de forces la Catalogne aurait eu besoin pour dissuader l'Espagne d'attaquer, ou pour repousser l'attaque, et selon quel calendrier de montée en puissance en fonction des réactions espagnoles, sachant que la Catalogne a évidemment les moyens économiques et démographiques d'assurer sa défense face à un pays comme son premier voisin (par la longueur de frontière). Elle n'est pas non plus de débattre ici des positions idéologiques des différents partis politiques, ou des rapports de forces et d'arguments au sein du parlement et du gouvernement. Mais la question de la défense, bien sûr à terme comme l'une des fonctions régaliennes de l'État souverain, mais surtout dans l'immédiat pour assurer la sécession face à un État armé qui s'y refusait, ne pouvait pas être simplement ignorée. Il n'est pas impossible que la Catalogne, peut-être d'ailleurs sous le gouvernement précédent, ait eu en la matière des projets annihilés par l'Espagne, mais les conséquences de ce désarmement auraient dû être tirées. L'autre enseignement majeur de ce processus de sécession

---

[46] La province de Kossovo et Métochie, dont la séparation a été prononcée sous dictée étrangère et garantie par les troupes d'occupation de l'Alliance Atlantique, n'est pas réellement indépendante.

sabordé devant les préparatifs militaires espagnols, c'est que la préparation d'une sécession doit nécessairement compter un volet militaire, comme la Catalogne l'a appris à ses dépens.

CONCLUSION

À l'échelle historique l'Espagne perdra la Catalogne pour avoir interrompu le processus d'hispanisation en 1977 et refusé la fédéralisation en 2017. Le processus complet confirme la nocivité de l'idéologie de l'État-nation, pourtant bien vivante encore en Europe notamment dans les sphères pensantes germaines, magyares… et françaises.

De son côté la Catalogne recouvrera sa souveraineté en jouant des contradictions entre le totalitarisme et l'État de droit, entre la prétention à l'égalité des citoyens et l'affichage du respect des peuples, entre l'universalisme idéologique et le pragmatisme discriminant, finalement entre l'idéal d'appliquer la démocratie à tous les niveaux et la nécessité de l'appliquer à un niveau particulier. Loin d'une menace existentielle comme celle qui a uni 97% des Criméens, le gouvernement catalan doit jouer d'effets de cliquet institutionnels pour pouvoir présenter plus de 50% de quoi que ce soit, ce qui en démocratie suffit pour l'emporter. En l'occurrence l'indépendantisme a remporté à 90% le referendum du 1er octobre 2017, mais avec seulement 43% de participation en raison de la fermeture forcée de quatre bureaux de vote sur dix.

Pour l'Union européenne, la déclaration de fidélité de la Catalogne arrive juste au moment où d'autres peuples, et pas seulement ceux que l'on entend parce qu'ils sont au pouvoir dans des États à leur taille, commencent à choisir la sortie pour éviter la mise en extinction. Dans une certaine mesure cela la met en demeure de choisir entre l'impérialisme à la parisienne et l'empire à l'autrichienne, entre la fusion d'États-nations et la fédération de peuples, entre l'idéologie du citoyen anonyme interchangeable et l'empirisme organisateur du sujet enraciné. S'il est difficile aujourd'hui d'entrer à l'ENA de Strasbourg sans connaître l'anglais, il sera peut-être impossible demain d'obtenir un mandat représentatif au parlement de Strasbourg sans connaître la langue d'un terroir.

D'ailleurs pour les peuples de France aussi, quand l'effondrement du matérialisme déshabillera le fonctionnariat apatride déjà déboussolé par la fin des idéologies (et ultimement discrédité par la diffusion du coronavirus), on ne reconnaîtra plus que la bannière du comté et le gonfanon de la paroisse, et les politiciens de profession devront crotter leurs souliers dans du concret ou décorer leur couvre-chef de croix, de croissants ou de pentagrammes pour capitaliser des votes anonymes voire des soutiens engagés. Et pour tous les peuples dont la souveraineté est brimée, la méthode pacifique catalane, certes favorisée par des conditions idéales dont une administration autonome, aurait pu devenir un cas d'école, propre d'ailleurs à effrayer les États-nations sous régime jacobin. L'ultimatum militaire espagnol a cependant rappelé aux peuples que le pacifisme ne dispense pas de capacités de défense de l'autodétermination.

La crise de l'unité espagnole, où la France se trouve malgré elle à la première loge, a offert en 2017 une opportunité inespérée mais idéale pour clore le sanglant chapitre européen ouvert par l'annexion sans referenda des cinq États germanophones orientaux à l'Allemagne fédérale et continué jusqu'à l'ablation par la force de la province de Kossovo et Métochie ethniquement lustrée puis érigée sans referendum en pseudo-étaticule non viable hors protectorat perfusif. Une fois de plus c'est à la France que l'Histoire offrit l'occasion de rappeler les bonnes mœurs de la civilisation, en l'occurrence en restaurant les lignes

CONCLUSION

directrices pour la reconnaissance de nouveaux États, concertées et publiées le 16 décembre 1991 par les ministres des Affaires étrangères des douze pays membres de la Communauté économique européenne. Puisque le pragmatisme propre à la diplomatie imposerait une reconnaissance rapide de la Catalogne par la France, celle-ci pouvait en profiter pour ramener les processus sécessionnistes du champ des rapports de force vers le champ du droit international, comme le cas catalan s'y prêtait à merveille.

Le gouvernement français en a décidé autrement, et en refusant d'annoncer à son homologue espagnol la préparation du déploiement d'interposition sur la Noguera Ribagorçana qu'on suggérait en juillet, il s'est abstenu de le dissuader de rassembler la moitié de l'armée en Aragon pour intervenir en Catalogne. Sous la menace de la force les sécessionnistes pacifistes se sont alors débandés et ont même accepté la suspension illégale de la constitution catalane par violation de la constitution espagnole.

Puis en violation de l'article 152 de la constitution espagnole et des articles 4, 56, 66 et 75 du statut catalan le gouvernement central a convoqué pour le 21 décembre des élections catalanes, qui allaient tourner au plébiscite indépendantiste, validant le referendum d'autodétermination par la réélection de ses organisateurs, et reconduisant l'impasse. Comme pour ôter leurs derniers scrupules aux séparatistes soi-disant "légalistes", après avoir étalé son mépris tant pour l'esprit de la démocratie que pour la lettre de la constitution le gouvernement espagnol a donné à l'électorat catalan la possibilité de plébisciter le 21 décembre les partis, le parlement et le gouvernement qui avaient organisé le referendum du 1er octobre.

Déterminée malgré la débandade des autorités indépendantistes, la Catalogne a alors réélu les mêmes partis et reconstitué le même parlement (à quelques députés près) sur le même programme, l'indépendantisme progressant même en nombre de voix et gardant la majorité absolue au parlement. La reprise de la marche à l'indépendance pourrait cependant être moins transparente, et comporter désormais le volet militaire qui lui a fait défaut en 2017.

ANNEXES

Reconnaissance de nouveaux États

Le 16 décembre 1991, à l'issue d'une réunion de politique étrangère tenue à Bruxelles à la demande du Conseil européen des chefs d'État et de gouvernement afin de définir une approche commune concernant les relations avec de nouveaux États, les ministres des Affaires étrangères des pays de la Communauté économique européenne ont adopté et diffusé la présente Déclaration des pays de la CEE sur les lignes directrices sur la reconnaissance formelle de nouveaux États en Europe orientale et en Union soviétique.

"La Communauté et ses États membres confirment leur attachement aux principes de l'Acte final d'Helsinki et de la Charte de Paris, notamment au principe d'autodétermination. Ils affirment leur volonté de reconnaître, conformément aux normes acceptées de la pratique internationale et tenant compte des réalités politiques dans chaque cas concret, ces nouveaux États qui, après les modifications historiques survenues dans la région, se constitueraient sur une base démocratique, auraient accepté les obligations internationales pertinentes, et se seraient engagés de bonne foi dans un processus pacifique et négocié.

C'est pourquoi ils adoptent une position commune sur le processus de la reconnaissance de ces nouveaux États, qui implique :

- le respect des dispositions de la Charte des Nations Unies et des engagements souscrits dans l'Acte Final d'Helsinki et la Charte de Paris, notamment en ce qui concerne l'État de droit, la démocratie et les droits de l'Homme ;
- la garantie des droits des groupes ethniques et nationaux et des minorités conformément aux engagements souscrits dans le cadre de la CSCE ;
- le respect de l'inviolabilité des limites territoriales qui ne peuvent être modifiées que par des moyens pacifiques et d'un commun accord ;
- la reprise de tous les engagements pertinents relatifs au désarmement et à la non-prolifération nucléaire ainsi qu'à la sécurité et à la stabilité régionale ;
- l'engagement à régler par accord, notamment le cas échéant par un recours à l'arbitrage, toutes les questions afférentes à la succession d'États et aux différends régionaux.

La Communauté et ses États membres ne reconnaîtront pas des entités qui seraient les résultats d'une agression. Ils prendront en considération les effets de la reconnaissance sur les États voisins.

L'engagement en faveur de ces principes ouvre la voie à la reconnaissance par la Communauté et ses États membres et à l'établissement de relations diplomatiques. Il pourra être consigné dans des accords."

Mémorandum n° 37

Ce texte a été publié, en anglais, sur le site internet du ministère des Affaires étrangères du gouvernement catalan le 9 juin 2017, et diffusé à la presse ainsi qu'aux correspondants institutionnels du ministère. La traduction au français est de l'auteur.

Le gouvernement catalan convoque un Referendum d'Indépendance le 1er octobre 2017.

Le gouvernement de la Catalogne a trouvé un accord quant à la date de son referendum d'autodétermination. Le referendum aura lieu le 1er octobre et la question sera : *"voulez-vous que la Catalogne soit un État indépendant sous la forme d'une République ?"*

En dépit du refus constant du gouvernement central espagnol de chercher une solution politique aux demandes de la majorité des citoyens de Catalogne, le gouvernement, avec le soutien de la majorité parlementaire, a décidé d'aller de l'avant avec un referendum.

Toutes les enquêtes d'opinion montrent que les trois-quarts de la population catalane veut un referendum d'autodétermination, toutes intentions de vote confondues. Il appartient aux Catalans de décider sur le futur collectif de leur société et le seul moyen raisonnable de savoir ce qu'ils pensent sur une question aussi fondamentale est de le leur demander directement. Le gouvernement de Catalogne est convaincu de la légitimité de tenir un referendum, comme un acte démocratique.

Le gouvernement catalan souhaiterait mener le scrutin selon un accord entre les deux gouvernements, mais le gouvernement espagnol ne le souhaite pas ainsi. Pour cette raison, les institutions catalanes considèrent que c'est la seule voie possible pour que la Catalogne décide quel doit être le futur de ses relations avec l'Espagne. La constitution espagnole n'interdit pas cette voie, et une décision aussi importante ne devrait pas être conditionnée à une interprétation partisane de la constitution. Voter ne peut pas, sous aucune circonstance, être considéré comme un acte illégal.

En ce mois de juin cela fera exactement sept ans que le Tribunal constitutionnel espagnol a rendu son jugement contre le statut d'autonomie de la Catalogne. L'approbation de ce statut était l'aboutissement d'un long processus, il y avait eu un dialogue intense avec le gouvernement espagnol, des accords avaient été conclus avec presque toutes les institutions constitutionnelles, tout cela avec un large degré de consensus. Il y eut aussi un referendum, mené d'un commun accord. Tout cela fut, néanmoins, sans effet pour la recherche d'une solution. Au contraire, une seule institution constitutionnelle hautement politisée suffit à mettre un point final au dialogue antérieur, aux engagements pris et à l'accord obtenu ; encore plus, par des tribunaux fermement enracinés dans des idéaux surannés et activement engagés dans les objectifs du parti politique au pouvoir en Espagne aujourd'hui. Ce Tribunal n'est pas meilleur aujourd'hui ; par le truchement d'une procédure d'urgence, le Tribunal peut maintenant imposer la suspension arbitraire de responsables élus, sans autre forme de procès en justice. Le désaccord raisonné de certains membres de ce Tribunal et l'avertissement inéquivoque de la Commission de Venise contre cette réforme ont été vains dans leurs efforts pour persuader le gouvernement espagnol de reconsidérer sa position.

Seul un referendum peut mettre fin à cette situation qui a été négative et insatisfaisante pour les deux partis et n'a fait que se détériorer ces dernières années. Pour cette raison, ce pas en avant de la Catalogne ne doit pas être vu comme un problème mais plutôt comme une opportunité pour l'État espagnol de repenser son rôle et aussi de progresser dans son système démocratique. C'est un moyen de laisser derrière lui son passé autoritaire et les faibles fondations du régime établi en 1978, en devenant un modèle pour la défense de sa propre diversité et une garantie des principes démocratiques à l'intérieur de ses frontières.

La Catalogne veut être un partenaire clef pour l'Espagne, que ses citoyens décident de continuer d'en faire partie ou qu'ils choisissent de devenir un État indépendant. Mais quelles que soient les relations, l'Espagne doit progresser en termes démocratiques et légaux ; c'est une question incontournable pour son futur. Ce pas en avant représente donc une triple opportunité, pour la Catalogne, pour l'Espagne et pour l'Europe.

Déclaration d'indépendance

Cette déclaration a été diffusée après son adoption par le parlement de Catalogne. La traduction immédiate au français, par l'auteur, fut la première publiée en langue étrangère, avant la traduction espagnole publiée par La Razón.

**DECLARATION DES REPRESENTANTS
DE LA CATALOGNE**

Au peuple de Catalogne et à tous les peuples du monde.

La justice et les droits de l'homme individuels et collectifs intrinsèques, fondements inaliénables qui donnent sens à la légitimité historique et à la tradition juridique et institutionnelle de la Catalogne, sont la base de la constitution de la République catalane.

La nation catalane, sa langue et sa culture ont mille ans d'histoire. Pendant des siècles, la Catalogne s'est dotée et a joui d'institutions propres qui ont pleinement exercé l'autogouvernement, avec la Généralité comme plus grande expression des droits historiques de la Catalogne. Le parlementarisme a été, pendant les périodes de liberté, la colonne sur laquelle se sont appuyées ces institutions, il s'est canalisé à travers les Cours Catalanes et s'est cristallisé dans les Constitutions de la Catalogne.

La Catalogne restaure aujourd'hui sa pleine souveraineté, perdue et longtemps regrettée, après avoir essayé pendant des décennies, honnêtement et loyalement, la bonne coexistence institutionnelle avec les peuples de la péninsule ibérique.

Depuis l'approbation de la Constitution espagnole de 1978, la politique catalane a eu un rôle clef et une attitude exemplaire, loyale et démocratique envers l'Espagne, et avec un sens profond de l'État.

L'État espagnol a répondu à cette loyauté par le refus de reconnaissance de la Catalogne comme nation ; il a concédé une autonomie limitée, plus administrative que politique et en cours de recentralisation ; un traitement économique profondément injuste et une discrimination linguistique et culturelle.

Le Statut d'Autonomie, approuvé par le Parlement *[catalan]* et le Congrès *[espagnol]*, et plébiscité en referendum par la société réelle catalane, devait être le nouveau cadre stable et durable de relation bilatérale entre la Catalogne et l'Espagne. Mais ce fut un accord politique annulé par l'arrêt du Tribunal Constitutionnel et qui fait émerger de nouvelles réclamations citoyennes.

Recueillant les demandes d'une grande majorité de citoyens de Catalogne, le Parlement, le Gouvernement et la société civile ont demandé de façon répétée la tenue d'un referendum d'autodétermination.

Devant le constat que les institutions de l'État ont rejeté toute négociation, ont violé le principe de démocratie et d'autonomie, et ont ignoré les mécanismes légaux disponibles dans le cadre de la Constitution, la Généralité de Catalogne a convoqué un referendum pour l'exercice du droit à l'autodétermination reconnu par le droit international.

L'organisation et la tenue du referendum a donné lieu à la suspension de l'autogouvernement de la Catalogne et l'application de facto de l'état d'exception.

L'opération policière brutale d'aspect et de style militaires orchestrée par l'État espagnol contre des citoyens catalans a porté atteinte, en des occasions multiples et répétées, à leurs libertés civiles et politiques et aux principes des Droits de l'Homme, et a contrevenu aux accords internationaux signés et ratifiés par l'État espagnol.

Des milliers de personnes, parmi lesquelles des centaines d'élus et d'autorités et de professionnels liés au secteur de la communication, à l'administration et à la société civile, ont fait l'objet d'enquêtes, ont été arrêtées, mises en examen, interrogées et menacées de dures peines de prison.

Les institutions espagnoles, qui devraient rester neutres, protéger les droits fondamentaux et se poser en arbitre devant le conflit politique, sont devenues partie et instrument de ces attaques et ont laissé sans défense la société réelle de Catalogne.

Malgré la violence et la répression pour tenter d'empêcher la tenue d'un processus démocratique et pacifique, les citoyens de Catalogne ont voté majoritairement en faveur de la constitution de la République catalane.

La constitution de la République catalane se fonde sur la nécessité de protéger la liberté, la sécurité et la bonne coexistence de tous les citoyens de Catalogne et de progresser vers un État de droit et une démocratie de meilleure qualité, et répond à l'empêchement de la part de l'État espagnol de rendre effectif le droit à l'autodétermination des peuples.

Le peuple de Catalogne est amant du droit, et le respect de la loi est et sera l'une des pierres angulaires de la République. L'État catalan respectera et fera assurer par la loi toutes les dispositions qui constituent cette déclaration et il garantit que la sécurité juridique et la continuation des accords souscrits feront partie de l'esprit fondateur de la République catalane.

DÉCLARATION D'INDÉPENDANCE

La constitution de la République est une main tendue au dialogue. Faisant honneur à la tradition catalane du pacte, nous maintenons notre choix de l'entente comme manière de résoudre les conflits politiques. Alors, nous réaffirmons notre fraternité et notre solidarité avec les autres peuples du monde et, en particulier, ceux avec lesquels nous partageons langue et culture et la région euroméditerranéenne en défense des libertés individuelles et collectives.

La République catalane est une opportunité pour corriger les actuels déficits démocratiques et sociaux et construire une société plus prospère, plus juste, plus sûre, plus viable et plus solidaire.

En vertu de tout ce qui vient d'être exposé, nous, représentants démocratiques du peuple de Catalogne, dans le libre exercice du droit d'autodétermination, et en accord avec le mandat reçu de la société réelle de Catalogne,

NOUS CONSTITUONS la République catalane, comme État indépendant et souverain, de droit, démocratique et social.

NOUS DISPOSONS l'entrée en vigueur de la Loi de transition juridique et fondation de la République.

NOUS LANÇONS le processus constituant, démocratique, de base citoyenne, transversal, participatif et contraignant.

NOUS AFFIRMONS la volonté d'ouvrir des négociations avec l'État espagnol, sans conditions préalables, visant à établir un régime de collaboration au bénéfice des deux parties. Les négociations devront être, nécessairement, sur un pied d'égalité.

NOUS PORTONS À LA CONNAISSANCE de la communauté internationale et des autorités de l'Union

Européenne la constitution de la République catalane et la proposition de négociations avec l'État espagnol.

NOUS DEMANDONS à la communauté internationale et aux autorités de l'Union Européenne d'intervenir pour mettre fin à la violation des droits civils et politiques en cours, et de suivre le processus de négociation avec l'État espagnol et s'en faire les témoins.

NOUS MANIFESTONS la volonté de construction d'un projet européen qui renforce les droits sociaux et démocratiques de la société réelle, ainsi que l'engagement de continuer à appliquer, sans interruption de continuité et de manière unilatérale, les textes du cadre juridique de l'Union Européenne, et ceux du cadre de l'État espagnol et du régime d'autonomie catalan qui transcrivent ce cadre juridique.

NOUS AFFIRMONS que la Catalogne a la volonté inéquivoque de s'intégrer aussi rapidement que possible à la communauté internationale. Le nouvel État s'engage à respecter les obligations internationales qui s'appliquent actuellement sur son territoire et à continuer d'adhérer aux traités internationaux auxquels adhère le Royaume d'Espagne.

NOUS APPELONS les États et les organisations internationales à reconnaître la République catalane comme État indépendant et souverain.

NOUS DEMANDONS au Gouvernement de la Généralité d'adopter les mesures nécessaires pour faire porter tous leurs effets à cette Déclaration d'indépendance et aux dispositions de la Loi de transition juridique et de fondation de la République.

NOUS PRIONS tous et chacun des citoyens et citoyennes de la République catalane de nous rendre dignes de la liberté que nous nous sommes donnés et de construire un État qui traduise en action et en conduite les inspirations collectives.

Les représentants légitimes du peuple de Catalogne,

Barcelone, 10 octobre 2017.

Déjà parus

La neuvième frontière – Catalogne 2017

Jean Michel Vernochet, le très informé, met en lumière tous les complots

Le Pays réel habillé de jaune, est en guerre contre un système qui le tue...

La guerre idéologique du XXIème siècle, après avoir opposé capitalisme et collectivisme, fait aujourd'hui se confronter le globalisme, soit la République universelle, aux Nations et aux traditions...

Les guerres actuelles sont des conflits de normalisation destinés à fondre les peuples, les identités et les souverainetés, dans le grand chaudron du mondialisme apatride, déraciné et nomade....

La social-démocratie, matrice toujours féconde, parturiente d'une humanité déchue...

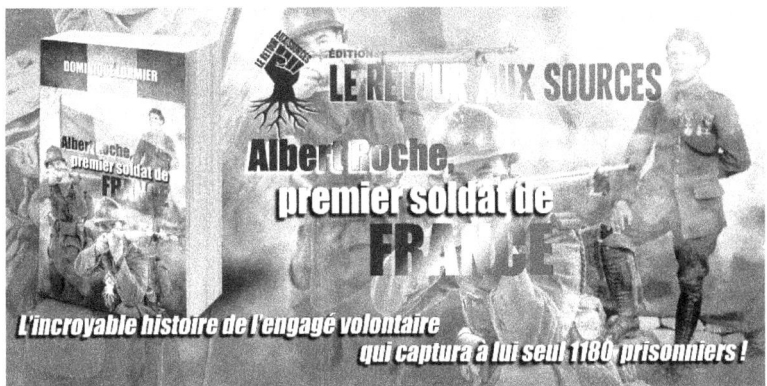

L'incroyable histoire de l'engagé volontaire qui captura à lui seul 1180 prisonniers !

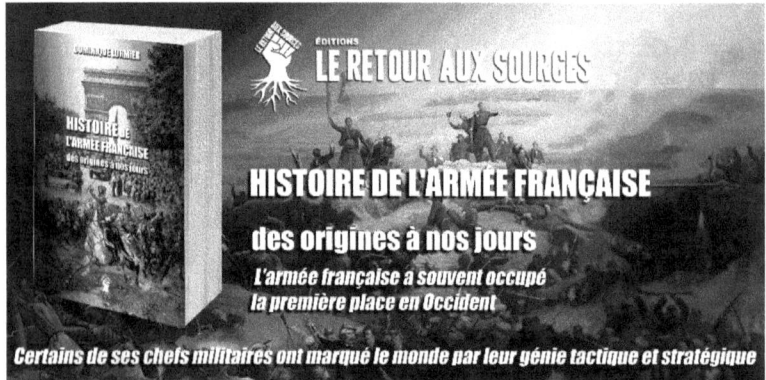

DÉJÀ PARUS

DÉJÀ PARUS

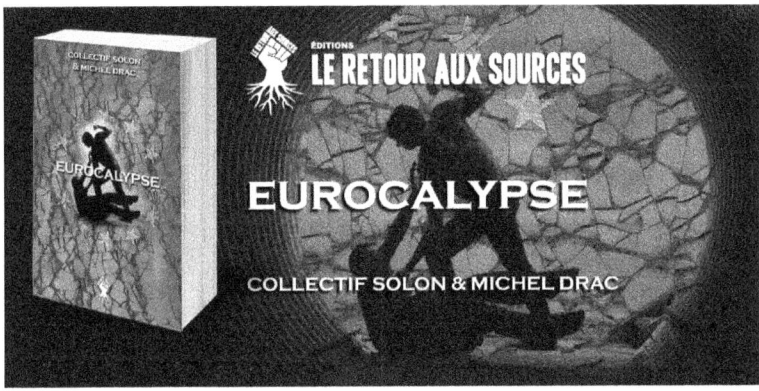

La neuvième frontière – Catalogne 2017

DÉJÀ PARUS

DÉJÀ PARUS

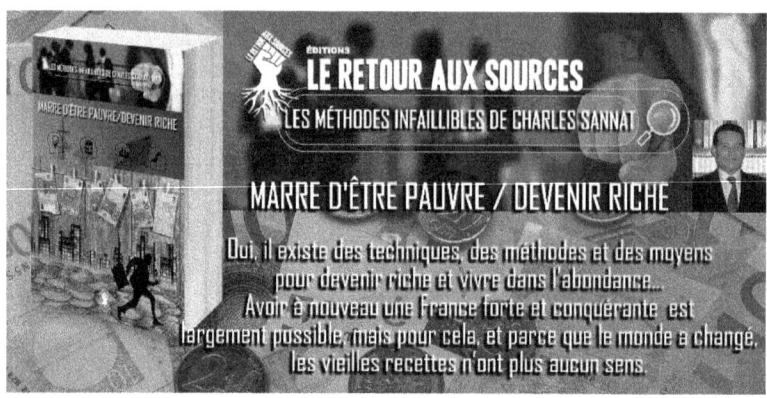

www.leretourauxsources.com

www.ingramcontent.com/pod-product-compliance
Lightning Source LLC
Chambersburg PA
CBHW070733160426
43192CB00009B/1425